Gretel García y Eduardo Torrijos

# JUEGOS TRADICIONALES MEXICANOS

**SELECTOR**

*actualidad editorial*

**SELECTOR**
*actualidad editorial*

**Doctor Erazo 120**          **Tels.  588 72 72**
**Colonia Doctores**          **Fax:  761 57 16**
**México 06720, D.F.**

JUEGOS TRADICIONALES MEXICANOS

Diseño de portada:  Eduardo Chávez
Ilustración de interiores: Eduardo Torrijos

ISBN:  970-643-151-9

Cuarta reimpresión. Agosto del 2000

Este libro va dedicado a una familia especial, con un mensaje de afecto, amistad y cariño que viaja casi 1,000 kilómetros, hasta Paraíso, Tabasco...

Afectuosamente para el Lic. Francisco Santo, su señora esposa Perla Palma y sus hijos Juan y Alexis.

# CONTENIDO

Introducción.........................................................11

CAPÍTULO 1.................................................... 17
Juegos de sorteo para comenzar

    De tín marín
    Gallo, gallina
    Pan, bolillo
    Pin ocho
    Pin, pon, papas
    Tijeras, papel y piedra
    Velita
    Volados
    Zapatero
    Zapatito blanco

CAPÍTULO 2.................................................... 37
Juegos de acción

    A la víbora de la mar
    Burro corrido
    Caballazos
    Cafeteadas
    Cebollitas
    Coleadas
    Conejos a sus conejeras
    ¡Échenle sal!
    Enanos y gigantes
    ¡Engarróteseme ahí!
    Escondidillas
    Gallina ciega

Listones
Lo que hace la mano, hace la trás
Mímica
Nudos
Reina... ¿Me dejas pasar?
Rojos y azules
Semana inglesa
Tamaladas
Tres por seis, dieciocho
Uno, dos, tres calabaza

## CAPÍTULO 3.......................................... 87
### Juegos de palmadas y con las manos

Juegos de palmadas
Cruzadas
Marinero
Pancho Villa
Juegos de manos
Bartolo
Bisteces
Caricaturas
Manitas calientes
Telegrama
Una cuchara, ¿una qué?

## CAPÍTULO 4.......................................... 119
### Juegos con objetos

Acitrón
A ponerle la cola al burro
Botella
Bote pateado
Carreras con costales
Cinturonazo

El Rey (o la Reina) pide...
Frío y caliente
Hoyito
Juego de fuerzas
Números
Parejas de animales
Rayuela
Tacón
Un navío cargado de...

**CAPÍTULO 5**.................................................**153**
**Juegos dibujados en el pavimento**

Alto (stop)
Avión con teja
Caracol
Carreterita

# INTRODUCCIÓN

El juego... *jeu* en francés, *game* en inglés, *spiel* en alemán, *jogo* en portugués y *gioco* en italiano.

En todos los idiomas, el juego es universal y común en todas las culturas del hombre.

A los niños les gusta mucho jugar. Si observamos con atención, la mayor parte de su tiempo lo dedican al juego.

En esos juegos, se requiere de mucha imaginación y eso, al niño le sobra. En ese mundo, a su modo, en que se representan los sueños, la fantasía y la realidad, pero adaptada a su mundo pequeñito.

El juego como una actividad necesaria, es un regalo de la vida para el hombre y las especies animadas. Los animales, por su parte, también dedican un tiempo de su primera etapa de vida para jugar intensamente.

Todos hemos pasado por la etapa de la niñez y generalmente era un mundo feliz, jugando, ya sea en solitario, con juguetes que nos parecian fabulosos y con hermanos o amigos. Esa es la grata experiencia de los primeros años.

A veces los juegos trataban de imitar las actividades de nuestros padres en el caso de los niños, o los quehaceres de la casa de parte de la madre, en el caso de las niñas.

Jugar al aire libre, implica que los niños y niñas corran, brinquen, salten, se arrastren, se hinquen, convivan con otros niños y niñas y a través de esto, conozcan más infantes y se hagan más amigos.

Existen muchos juegos que fueron conocidos algunos años atrás. Nosotros mismos los practicamos en las más tierna infancia con nuestros hermanos, primos o nuestros amigos. Algunos de estos juegos se fueron perdiendo o cayeron en desuso al correr del tiempo.

Uno de los objetivos de este libro es, precisamente rescatar del olvido o del desuso, algunos de estos divertidos juegos.

Es de hacerse notar, que aquí no pretendemos incluir muchos de los juegos tradicionales con cantos o con versos que los niños realizan tomados de las manos en círculos, a los que comúnmente se les llama *rondas infantiles*, y que se manejan en muchas escuelas de educación preescolar. ¡No! aquí se investigó en publicaciones antiguas, con familiares, conocidos y amigos, en recordar esos juegos especiales y dinámicos, a los que dedicabamos nuestro tiempo, cuando disponíamos de un espacio que nos dejaba la escuela, los estudios y los encargos de la casa.

Este libro pretende cumplir varios objetivos: Presentar 60 juegos dedicados a los niños y adolescentes para que se diviertan sanamente, al mismo tiempo que hacen ejercicio y estimulan su coordinación motriz.

Mostrar a las nuevas generaciones otras opciones para emplear el tiempo libre y proporcionar una publicación auxiliar en la función educativa dirigida a los padres, maestros y educadores como una guía para la utilización del juego, como una parte esencial en el desarrollo sensorial, físico, intelectual, emocional y social del niño.

Pensamos que muchos de los juegos que aquí presentamos, fueron simplemente olvidados (aunque algunos afortunadamente, son muy conocidos entre los niños) o caídos en el desuso, debido principalmente al avance tecnológico (es más fácil jugar con videojuegos en solitario, que con otros niños en el parque o en la calle), ya que el uso excesivo de la televisión en la vida cotidiana de los niños actuales, hace que algunas tradiciones populares, como algunos de los juegos, se vayan perdiendo.

Otro de los motivos puede ser el gran crecimiento del área urbana de las grandes ciudades y la pérdida del espacio en terrenos baldíos, banquetas y parques públicos en favor del desarrollo y la vialidad del automóvil.

Los niños cuentan con menos espacio para jugar y ahora deben hacerlo en lugares más pequeños; los departamentos y las casas tienen más espacio para estacionamiento de autos, que metros para jugar.

Sin embargo ése es nuestro reto, presentar las opciones de los juegos de antes y de siempre, y buscar cualquier pequeña área para practicarlos; repetimos, afortunadamente en muchas escuelas, principalmente, estas actividades siguen vivas.

En fin, nuestro pretexto es presentar estos divertidos juegos para niños y niñas de los noventa y, dedicados para los jóvenes adultos de hoy, pues pretendemos que al leer estos juegos y recordarlos, los, disfruten, ya que son los juegos con los que crecimos.

¿Quién no ha sido niño?...¿Quién no ha jugado, por el simple hecho de jugar?... pues adelante, les invitamos a hacer un viaje al pasado a través de algunas cuantas páginas y a demostrar a nuestros hijos que "jugar estos juegos", puede ser barato, divertido y ejercita nuestro cuerpo, nuestra mente y enriquece el espíritu.

El primer paso está dado. En la búsqueda e investigación de los juegos que aquí presentamos, dejamos muchísimos más fuera; estos juegos pueden adaptarse, combinarse y modificarse, pero en esencia son los mismos que disfrutaron nuestros abuelos, padres y nosotros mismos.

Pero lo más importante de estos juegos es, simplemente... que se practiquen...

# CAPÍTULO 1

# JUEGOS DE SORTEO
# PARA COMENZAR

Los juegos de sorteo son formas cortas y rápidas que se utilizan, solamente, para decidir quién inicia juegos más complicados, ya sea para participar de manera individual, o en lo colectivo, se usan para escoger a los capitanes que integrarán los equipos.

A veces se utilizan sencillos versitos que se cantan de manera pausada, al niño o a la niña que le toca la última palabra del verso o la última sílaba de la palabra final, es el elegido o la elegida para ser el protagonista.

Estos juegos se hacen de diferentes maneras, pero siempre dejándolo a la suerte.

A continuación mencionamos algunas de estas formas.

# DE TÍN MARÍN

De tín
marín,
De do
pingüé,
Cúcara
mácara
títere fue,
yo no fui
fue Teté,
pégale,
pégale,
que ella
fue.

Esta forma casi siempre es utilizada más por las niñas que por los niños.

Este modo de sorteo se puede realizar entre dos o más participantes que se colocan en círculo y una de las niñas será la voz cantante, quien va diciendo el versito anotado al principio.

La niña va señalando con su dedo índice y mencionando con cada sílaba a cada una de las participantes.

A la niña que le toca la sílaba final "FUE", es la elegida o ganadora para iniciar cualquier otro juego.

# GALLO, GALLINA

Gallo,
gallina,
gallo,
gallina,
gallo,
gallina,
pollito...

Esta forma se utiliza sólo entre dos niñas o niños, ya sea para protagonizar, iniciar o elegir equipos para cualquier otro juego.

Las dos niñas o niños, se colocan de frente a una distancia de aproximadamente tres metros, los niños irán avanzando en línea recta diciendo uno "gallo" y al mismo tiempo adelantando su pie derecho del pie izquierdo y el otro contendiente, diciendo: "gallina" y haciendo lo mismo con sus pies, adelantando su pie derecho del izquierdo.

El primer niño continúa avanzando diciendo "gallo", pero ahora adelantando el pie izquierdo, igual debe hacer el otro niño, diciendo "gallina" y colocando su pie izquierdo, inmediatamente adelante del derecho.

Así deben de caminar, alternando el pie, primero el derecho y luego el izquierdo.

Al estar casi juntos, al primer niño que ya no le alcance la distancia para colocar totalmente su pie extendido, podrá y tendrá que pisar ligeramente al contrario y dirá "pollito". Con esta acción se convierte en el ganador.

# PAN, BOLILLO

Pan,
bolillo,
telera,
pambazo,
pa´fuera.

Esta forma de sorteo se puede realizar entre dos o más niñas o niños que se acomodan haciendo un círculo.

Para comenzar, una niña o niño es elegido para señalar a sus compañeros con un ligero empujoncito de su dedos y mencionando el verso anotado al principio.

A la, o el, que le toca la palabra "PA´FUERA", es el que sale del círculo y por lo tanto del sorteo.

De este modo se puede elegir, a la, o el protagonista, al primero que sale o al último que se quede en el círculo.

# PIN OCHO

Pin uno,
pin dos,
pin tres,
pin cuatro,
pin cinco,
pin seis,
pin siete y
pin ocho.

Esta forma de sorteo puede realizarse entre dos o más niñas o niños, colocados en círculo.

Una niña o niño es el elegido para señalar a los compañeros de juego con el dedo índice y va diciendo en orden, el versito anotado al principio. Uno de los números corresponde a cada niña o niño, el ganador o perdedor (según se establece al inicio del juego), será al que le corresponda la palabra "PIN OCHO".

# PIN, PON, PAPAS

1. No existe límite de niñas o niños participantes en este juego.
2. Se forma un círculo con las niñas y niños que van a jugar.
3. Cada participante coloca sus dos manos cerradas al frente en forma de puño. Uno de los niños o niñas es elegido para señalar cada mano con su propio puño diciendo en voz alta: "PIN, PON, PAPAS" correspondiendo en orden a cada puño, una de las tres palabras.
4. El niño o niña, al señalar el tercer puño que tocó, es decir en la voz "papas", es la mano que se retira, así hasta que quede un solo puño, que será el ganador.
5. De antemano se puede establecer que el niño que sea eliminado primero con su dos puños o el que queda, con al menos uno de sus puños, es al que le toca ser el protagonista del siguiente juego.

# TIJERAS, PAPEL Y PIEDRA

(How are you speak?)

Uno,
dos,
tres,
cuatro.

Esta forma de sorteo se realiza sólo entre dos participantes. Cada niña o niño contrincante utiliza una de sus manos.

Los niños participantes colocados de frente, cantan las palabras anotadas al principio, llevando el ritmo con el puño, así como la mano de un lado a otro en forma horizontal; la otra mano se coloca en la espalda para ocultarla momentáneamente.

Cuando se terminan de entonar las palabras del juego, la misma mano cerrada se detiene y se abre en ese momento y se elige una de las tres opciones

27

siguientes, de acuerdo como se colocan los dedos:

TIJERAS: Mano con los dedos índice y medio extendidos, el resto de los dedos recogidos.

PAPEL: Mano con los dedos extendidos.

PIEDRA: Mano en forma de puño.

Los resultados de la combinación de las tres opciones es la siguiente:

TIJERAS: Gana al papel (porque lo corta) y pierde con la piedra (porque ésta las rompe).

PAPEL: Gana a la piedra (porque la envuelve) y pierde con las tijeras (porque éstas lo cortan).

PIEDRA: Gana a las tijeras (porque las rompe) y pierde con el papel (porque éste la envuelve).

En caso de que los dos contendientes presenten la misma opción, resulta un empate y se debe volver a jugar, hasta que surja un ganador.

# VELITA

Velita,
velita,
apaga
tu
velita...

Esta forma de sorteo se puede realizar entre dos o más participantes. Principalmente lo practican las niñas quienes deben formar un círculo para jugar.

Cada participante coloca sus dos manos cerradas al frente en forma de puño, pero con los dedos índices hacia arriba, simulando ser unas "velitas" encendidas.

Una de las niñas es elegida para señalar cada velita con su dedo índice diciendo en voz alta el versito que aparece al principio, dividido en sílabas y a la mano o velita que le corresponda la última sílaba de la última palabra del verso, es eliminada.

Así, el puño con su velita encendida debe retirarse.

El juego continúa con este mismo sistema, hasta que queda un solo puño, es decir, una sola velita que será declarada la ganadora.

De antemano se puede establecer que la niña que sea eliminada con sus dos puños o la que quede, con al menos uno de sus puños, es la que le toca ser la protagonista del siguiente juego.

# VOLADOS

¿Águila o sol?...

1. Esta manera popular de sorteo, se emplea comúnmente; ya sea para elegir capitanes, integrantes de
   los equipos o para decidir alguna situación en la
   que sólo puedan intervenir dos.

2. Para participar en este pequeño juego, se requiere
   de una moneda de cualquier denominación.
   Popularmente en México, se elige sólo entre dos
   opciones: águila o sol.

3. Se elige como una de las opciones al "águila", debido a que en las monedas mexicanas ésta siempre
   aparece en uno de sus lados, por ser el escudo na-
   cional.

4. La otra opción, el "sol", se tiene como una tradición y por costumbre mencionarlo, en rememoración a las antiguas monedas de cobre de 20 centavos, en la cuales en una de sus caras aparecía un sol y la imagen de la pirámide teotihuacana dedicada al astro rey.

5. Uno de los participantes en el sorteo lanza su moneda al aire impulsándola con su pulgar hacia arriba, para que la moneda vuele. (De ahí el nombre del juego).
   El otro contendiente tiene la oportunidad de elegir entre una de las dos opciones: águila o sol, mientras la moneda está en el aire y antes de que caiga al suelo.

6. Si coincide la voz del que elige, con la cara de la moneda que aparece en el suelo, éste es el ganador.

7. Si la voz del que elige no coincide con la cara de la moneda, es el que pierde en este juego.

8. Otra opción para hacer uso de este juego, es establecer ganador al que atine tres de cinco oportunidades, o cinco de diez, etcétera.

# ZAPATERO

1. Este rápido juego de sorteo tiene su propia mecánica. Pueden participar sólo dos niños o niñas.

2. Se necesita una piedra chica o cualquier objeto pequeño que quepa en el puño cerrado de un niño.

3. Se colocan los dos competidores de frente. Uno hará el sorteo y el otro adivinará.
Quien hace el sorteo toma la piedra o el objeto, con alguna de sus manos y sin voltearse, coloca sus dos manos atrás, de tal forma que su cuerpo impida que el contrario observe, en qué mano queda el objeto.

4. Una vez que se escondió la piedra en sólo uno de los puños, se presentan las manos cerradas al frente y se dice lo siguiente, haciendo movimientos rápidos con la mano hacia arriba y hacia abajo, en forma vertical: "En dónde vive el zapatero, ¿arriba o

abajo?..." al terminar de hacer este movimiento, el niño que hace el sorteo debe dejar inmóviles sus manos, obviamente una arriba y otra abajo.

5. Es el turno de escoger para el otro niño, quien debe decidir si elige el puño de arriba o el de abajo, intentando adivinar en dónde quedó el objeto: debe decir, "arriba" o "abajo", pero hacer sólo una elección.

6. El niño que tiene el objeto en alguna de las manos, debe abrir el puño de la mano que le señalaron: Si de ese puño cae al suelo el objeto, el niño que adivina es el ganador; si no aparece nada, es el perdedor. Al final se debe enseñar el puño que no se eligió, es decir, se debe comprobar que no se hizo trampa.

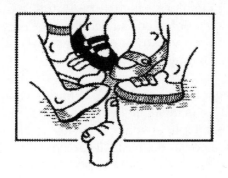

# ZAPATITO BLANCO

Zapatito blanco,
zapatito azul,
¿dime cuántos años
tienes tú?
(diez...
uno, dos, tres, cuatro,
cinco, seis, siete, ocho,
nueve y diez)
Manzana podrida,
uno, dos, tres
salida.

Comúnmente este juego lo practican más las niñas.

Este modo de sorteo se utiliza entre dos participantes o más, colocados de frente en forma de círculo. Cada una deberá adelantar el pie derecho de tal forma que todas se toquen con la punta del zapato.

Ahora, una niña, que es elegida al azar y que forma parte del círculo, se inclina quedando en cuclillas, señalando en orden con su dedo índice cada zapato y siguiendo el verso que aparece al principio, dividiéndolo muy bien por sílabas.

Al llegar a la parte final de la frase "¿cuántos años tienes tú?", a la niña que le tocó la sílaba "tú", deberá decir su edad (por ejemplo, seis, siete, ocho, etc.) y se continuará contando, hasta llegar a esa cifra, luego se sigue con la frase "manzana podrida, uno, dos, tres salida", dividida también en sílabas.

A la niña que le toca la última sílaba de la última palabra del verso, la cual es "sa-li-da", a la que le toque la sílaba final "DA", es la que protagoniza el siguiente juego o es designada la capitana y elige a los integrantes de su equipo.

# CAPÍTULO 2

# JUEGOS DE ACCIÓN

Como su nombre lo indica, este tipo de juegos de movimientos algo más complicados que los juegos del capítulo anterior, nos apunta que pueden participar muchos niños y niñas.

Algunos de estos juegos que aquí presentamos son preferidos principalmente, por las niñas y son exclusivamente practicados por ellas. Son juegos de ingenio, habilidad, coordinación, atención y velocidad; en cambio, algunos otros juegos son practicados preferentemente por los niños, en donde predomina la fuerza, la rapidez y la destreza.

En estos juegos se requiere a veces de grandes espacios, porque se necesita correr mucho; o físicamente estas grandes extensiones son requeridas para acomodar a un número grande de niños y niñas.

En muchas ocasiones se necesita de un protagonista del juego, que participa con el resto del grupo; otras veces se requiere de un líder quien es el que comanda el juego.

En otras ocasiones se necesitará de dos capitanes, quienes democráticamente elegirán a los integrantes de sus equipos.

# A LA VÍBORA DE LA MAR...

A la víbora, víbora,
de la mar, de la mar,
por aquí pueden pasar...

Los de adelante,
corren mucho
y los de atrás
se quedarán,
trás, trás, trás...

Una mexicana,
que fruta vendía
ciruela, chabacano,
melón y sandía.

Verbena, verbena,
jardín de matatena.

Verbena, verbena,
jardín de matatena.

Campanita de oro,
déjame pasar,
con todos mis hijos,
menos el de atrás,
trás, trás, trás...

Será melón,
será sandía,
será la vieja
del otro día,
día, día, día...

(¿Con quién te vas,
con melón o con sandía?)

1. Este juego se puede practicar entre muchos niños y niñas. Dos de los participantes son elegidos para que se coloquen en el centro del patio del juego y formen el primer arco.

2. Los dos niños o las dos niñas elegidas para formar el arco, son conocidos en este juego como la "sandía" y el "melón". Estos dos personajes se toman de las manos y las levantan, sosteniéndolas por largo rato, formando un puente. Secretamente estos dos participantes eligen quién hará el papel de melón y quién el de sandía.

3. El resto de los niños deben de formar una fila y tienen que entonar la canción que aparece al principio,

avanzando alrededor de los niños que formen el puente y pasando por en medio de ellos.

4. Cuando la canción termina, los niños que forman el puente bajan los brazos y atrapan al niño o a la niña que en ese momento pasa por ese lugar.
Ahora este participante debe responder a la pregunta que se le hace: "¿Con quién te vas, con melón o sandía?"... Esta pregunta se hace en la presencia de todos, pero la respuesta es en secreto.

5. La respuesta a la pregunta anterior debe hacerse en privado a los que representan al melón y a la sandía, es decir, a los niños que forman el puente.
Dependiendo de la respuesta, el niño o la niña atrapado, se debe colocar detrás de la persona que represente a la fruta que prefirió. Así se forma otro puente, para que también pase por ahí la columna.

6. Continúa el juego, avanzando la fila y atrapando a los demás participantes, quienes se colocarán detrás de la fruta que eligieron y ése es otro puente que tendrá que pasar la columna, así hasta que no haya niños ni niñas que atrapar. Gana el equipo que tenga más integrantes en su fila, ya sea el de melón o el de sandía.

# BURRO CORRIDO

1.  Pueden jugar el número de niños que se quiera, entre más es mejor.

2.  Mediante un sorteo, se elige un niño que será designado "El burro". El resto de los niños lo saltarán y se pondrán más adelante también de burros.

3.  La posición de burro es colocándose en posición semiflexionada, agachándose por la espalda hacia adelante; las manos o los codos apoyados en las rodillas, para aguantar el peso de los demás participantes en el juego.
    El burro no debe nunca levantar la cabeza y debe colocarse en posición de espaldas a la columna de participantes.

4.  La fila de niños que van a saltar al burro, toman impulso y brincan, apoyándose con las palmas de sus manos, con los brazos extendidos sobre la espalda

del burro y procurando abrir las piernas para no lastimar a sus compañeros de juego.

5. Una vez que el jugador salta al burro, unos dos metros adelante, le corresponde colocarse de burro. Así un tercer jugador saltará al primer burro y luego al segundo y le corresponderá después a él agacharse y ponerse en posición de burro, para ser saltado.

6. Así transcurre el juego, hasta que brinquen al primer burro, luego al segundo, al tercero y terminen todos de hacerlo.

7. Cuando salta el último jugador, el primer burro se levanta y salta al resto de los burros, comenzando por el segundo, hasta completar la columna.

8. El juego continúa indefinidamente hasta que los niños deciden terminar, dejando de saltar. El atractivo del juego es que se puede formar la columna por cualquier lado y seguir la dirección que se quiera.

# CABALLAZOS

1.  Este juego comúnmente lo practican más los niños.

2.  Se requiere de al menos de cuatro niños, los cuales se dividen en dos equipos, es decir, el juego se desarrolla en parejas. Se sugiere practicarlo preferentemente en el pasto o en el agua de una alberca, procurando evitar el pavimento y otras superficies duras.

3.  Cada pareja decidirá quién jugará de "caballo" y quién de "jinete". El niño que jugará de caballo lo hará de pie y sobre su espalda llevará flexionado y con sus pies recogidos a quien jugará de jinete.
    El que hace de caballo separa ligeramente sus brazos del cuerpo para que pasen por ahí los pies del jinete y se tenga más apoyo. Casi por regla general el que hace de jinete es más ligero que el que hace de caballo.

4. Se hace una pareja de caballo y jinete con el objeto de competir con otra pareja igual.

5. El objetivo del juego es derribar a la pareja o derribar al jinete de los contrarios (o a los contrarios, si existen más parejas contendiendo) por medio de un empujón del hombro del jinete. Por su parte, los caballos no pueden intervenir en el golpeo.
Las parejas se acercan y tratan de derribarse.

6. Si el jinete de cualquier pareja pone su pie en el suelo, se considera derrotado, siempre y cuando no se exagere en el golpe de hombro y nadie salga lastimado.

7. Una variación de este juego es evitar el contacto físico organizando carreras de caballos, por medio de las mismas parejas.

# CAFETEADAS

1. En este juego pueden participar todos los niños y niñas que se quiera. Para realizarlo no se requiere mucho espacio, es ideal para jugarlo en lugares cerrados, aunque también se puede practicar en un parque, al aire libre o en el campo.

2. Este juego de adivinación o ingenio, consiste en que el grupo elige un verbo al azar y uno de los niños o niñas, denominado el "cafeteador", deberá adivinarlo.

3. Antes de iniciar, se debe elegir de entre el grupo mediante un sorteo, a la niña o el niño que representará el papel del cafeteador. El resto de los participantes se apartan del cafeteador y deciden en secreto el verbo que se va a "cafetear", es decir, que se va a adivinar.

4. Los participantes integran un círculo y al centro de él, se coloca el cafeteador.
   El grupo sólo podrá responder con un "SÍ" o un "NO" a las preguntas del cafeteador; también se le asigna determinado tiempo para que adivine a través de las preguntas, de qué verbo se trata.

5. Un ejemplo: Entre los niños y niñas del grupo se eligió cafetear el verbo "roncar". Algunas de las preguntas que se pueden hacer son:
   -¿Todos lo cafeteamos?
   -¿Se puede cafetear sólo?
   -¿Es bonito cafetearlo?
   -¿Yo lo cafeteo?
   -¿Tú lo cafeteas?
   -¿Necesitas de algo para cafetearlo?
   -¿Es indispensable cafetearlo?
   -¿Se cafetea todo el tiempo?
   -¿Lo cafeteas en la escuela?... etcétera.

6. Sólo se tienen tres oportunidades para adivinar y acertar el verbo de que se trata. Si el cafeteador falla, se volverá a alejar para que el grupo elija otro verbo y lo vuelva a intentar.

7. Voluntariamente los niños y niñas podrán pasar en el orden que quieran, para ocupar el lugar del cafeteador. El propósito es que todos adivinen el verbo y participen como cafeteadores proponiendo verbos sencillos o muy ingeniosos.

# CEBOLLITAS

1. En este juego pueden participar el número de niñas y niños que se desee.

2. Los participantes tienen que elegir a uno de los niños que será el que jalará a los de la fila. Generalmente, se elige a uno de los niños más grandes y fuertes, para que represente este papel.
   El resto de los niños y niñas deben pasar a formar parte de la fila.

3. Los niños y niñas que integran la fila deberán de colocarse en este juego, sentados con las piernas abiertas, uno después del otro y con sus brazos rodeando la cintura del de adelante, simulando ser unas "cebollitas" enterradas, difíciles de arrancar.

4. El niño que fue elegido para jalar a sus compañeros, se colocará al frente de esta fila.

5. El juego comienza cuando el niño del frente de la fila intente sacar al primero de la columna, jalándolo de los brazos, con fuerza, pero procurando tener cuidado de no lastimarlo.

6. Por su parte, los integrantes de la columna, abrazados firmemente, procuraran no permitir que el primero de la fila sea sacado de su lugar. Para ello deberán sostenerlo fuertemente, para que no sea separado del grupo en el forcejeo.

7. El objetivo del juego es resistir, el mayor tiempo posible, los intentos de ser zafados de la columna.

8. Si por el contrario el primero de la columna es sacado de la fila, ahora deberá de ayudar al niño que lo jaló, a tratar de sacar a los demás niños del grupo.

9. Las fuerzas se van nivelando, si el grupo disminuye en la fila, y los que tratan de separar a los niños de la columna aumentan.

10. El juego termina cuando en la fila sólo quede un niño.
Se puede organizar un nuevo juego, ahora dejando a la suerte a quien le corresponde sacar de la fila a sus compañeros.

# COLEADAS

1. Pueden participar el número de niñas y niños que se desee.
   Para realizar este juego se debe de contar con un gran espacio abierto, lo ideal es jugarlo en el campo.

2. Las niñas y niños participantes se toman fuertemente de las manos, mirando al frente y formando una fila.
   Se debe procurar que los niños y niñas de mayor estatura y peso queden al principio y al final de la fila y los niños pequeños queden intercalados con niños grandes.

3. Se designa a un niño o una niña quien será el líder de la coleada. (Se sugiere sea uno de los más grandes). El líder comienza a caminar y luego a correr,

sin soltar la mano del primer compañero, lo mismo harán los demás niños, hasta que avance toda la columna.

Se puede caminar en línea recta o hacer giros, según el espacio de que se disponga.

4. En un momento determinado, el líder puede parar y comenzar a jalar a sus demás compañeros.

Debido al impulso que le van agregando los restantes integrantes del juego, los compañeros del final de la fila ganan mucha fuerza y casi salen disparados.

Se sugiere cuidar mucho a las niñas y a los niños del final de la fila, sobre todo no dejar en ella a los pequeños, para prevenir accidentes o caídas peligrosas en las sacudidas.

# CONEJOS A SUS CONEJERAS

1. Este juego lo pueden practicar niñas y niños por igual; es ideal para proponerlo cuando existe un gran número de participantes como, por ejemplo, los integrantes de un grupo escolar.

2. Se puede jugar en espacios reducidos o cubiertos, aunque también se desarrolla perfectamente en un patio, un parque o en el campo.

3. En este juego las niñas y los niños se distribuyen para practicarlo; en "conejeras" o casitas para los conejos y se necesita un "cazador". Es decir, se requiere de al menos once niños para jugar.

4. De antemano se establece que los que harán de "conejeras", al momento del juego, se unirán por parejas agarrados de las manos, en forma de puente,

imitando una casita. Por su parte, los que juegan de conejos tratarán de meterse en la conejera, es decir, en medio de los niños del puente, y estar así a salvo de ser eliminados. Finalmente el que hace el papel del cazador será el encargado de dar las voces de "¡CONEJOS A SUS CONEJERAS!". Ésa es la señal para que los que hacen de conejeras se unan y los conejos corran a colocarse en medio de ellas.

5. Por ejemplo, con un mínimo de once niños o niñas, se puede designar a seis niñas o niños para participar en las conejeras, (formando tres parejas); otros cuatro niños o niñas juegan de conejos y el último niño o niña, hace el papel del cazador.

   Otro ejemplo. Con veintiún pequeños se puede designar a diez niñas o niños para participar en las conejeras formando cinco parejas; otros diez niños o niñas juegan de conejos y el último niña o niño hace el papel del cazador.

   Todo depende del número de participantes, pues existen muchas combinaciones.

6. Se delimita el espacio para jugar y a un extremo del área de juego se colocan todos los niños y niñas que harán de conejeras, pero sin estar unidos.

   En el otro extremo se colocan los que hacen de conejos y el cazador.

7. Cuando el cazador lo decide, grita fuerte para ser escuchado "conejos a sus conejeras", los que hacen de conejeras se unen por las manos y forman la casita y los conejos corren y tratan de ganar un lugar en las conejeras. Por supuesto como existen más conejeras que conejos, algunos de éstos serán eliminados.

8. Así transcurre el juego, cada vez con menos conejeras, para ir eliminando conejos en cada ronda hasta que quede un conejo ganador.

9. Después se pueden invertir los papeles y establecer que los conejos, ahora, pasen a formar parte de las conejeras y vicerversa.
De igual forma se debe cambiar al que hace de cazador.

10. Dependiendo del número de niños y niñas de que se disponga, se pueden hacer variaciones del juego:
   A) Las conejeras pueden ser más grandes e integradas por tres, cuatro y hasta cinco niñas y niños tomados de la mano formando un círculo.
   B) Cada conejera puede contener más conejos, dos, tres o cuatro. Siempre tratando de que sea menor la capacidad de las conejeras que los conejos. Pero procurando de conservar el espíritu del juego: Gana el conejo que hasta el final, quede en la última conejera disponible.

# ÉCHENLE SAL

Échenle sal,
al animal,
¡quién te pico!
que hasta el dedo
me dolió
y la sangre
se me salió.

1. En este juego pueden participar el número de niñas y niños que se quiera.

2. Con cualquier forma de sorteo, se elige a uno de los niños o una de las niñas, quien va a representar el papel del "animal". El resto de los participantes jugarán alrededor de él.

3. Este juego se puede practicar en un espacio reducido y lugares cerrados, pero también se puede realizar en un parque.

4. Quien hace el papel del "animal", se pone en posición inclinada, como en el juego del "burro", abrazándose las piernas y la cabeza casi tocándose las rodillas.

5. El resto del grupo se reúne en secreto y elige a uno de los participantes, para que toque al que hace de animal en la espalda.

6. Una vez colocado el animal, los jugadores se ponen de pie alrededor de él, sobándole ligeramente la espalda y cantándole los versos que aparecen al principio.

7. Cuando los participantes llegan a la parte del verso que dice: "¡quién te picó!", el niño que fue elegido en el punto número 5, es el único que "pica" con su dedo índice en medio de la espalda del animal.

8. Al terminar de cantar, el animal se endereza e intentará adivinar quién de los participantes fue el que lo picó.
Si falla, volverá a ser el animal hasta que adivine.
Si acierta, el niño que lo picó pasará a ser el animal y comienza de nuevo el juego.

# ENANOS Y GIGANTES

1. En este juego pueden participar el número de niños y niñas que quieran, pero especialmente este juego es ideal para practicarlo con los más pequeños. Para desarrollarlo es necesario contar con un espacio amplio, pero también puede realizarse en un parque o en el campo.

2. Antes de iniciar el juego, se elige a un niño o a una niña del grupo, o en su caso, puede elegirse a un adulto, que será la persona que dará las voces de "ENANOS Y GIGANTES".

3. El resto de los participantes se colocan de pie en una o varias filas y deberán de estar atentos a las voces de: Enanos y Gigantes.

4. El que tendrá la voz del juego sólo deberá de escoger una de las dos palabras.

5. Cuando se escuche la voz: GIGANTES, los niños y niñas participantes, se ponen de puntitas y con los brazos en alto.

6. Si se escucha la voz: ENANOS, los niños y niñas deberán ahora agacharse y colocarse en cuclillas.

7. Los niños y niñas que se equivoquen al seguir las instrucciones, deberán de salir del juego. Así cada 2 o 3 instrucciones más, se continúa eliminando a los participantes.
   Quien da las órdenes de la voz de Enanos o Gigantes, puede combinarlas o darlas muy rápido, para provocar confusión entre los divertidos participantes.

8. Gana quien quede al final del juego o no haya sido eliminado, pierde quien se confunda en el cumplimiento de la orden o quede inmóvil en su lugar.

9. Una variación a este juego es no eliminar a los niños participantes, para formar un inmenso mosaico de movimientos.

# ¡ENGARRÓTESEME AHÍ!

1. Se puede jugar entre muchos niños y niñas en un lugar cerrado, preferentemente, aunque se puede desarrollar en un parque o en el campo.

2. Se elige a uno de los niños o de las niñas participantes, quien será el que engarrotará a su compañeros.

3. Los participantes en el juego permanecen de pie y cuando escuchen la voz de "engarróteseme ahí", deben mantenerse inmóviles en un tiempo aproximado de 30 segundos, el que se mueve pierde, y sale del juego.

4. Gana el que permanezca más en el juego sin moverse y sin ser eliminado. Se sugiere que se vayan turnando el papel del que da las órdenes para hacer el juego más divertido y dinámico.

# ESCONDIDILLAS

1.  Este juego se puede realizar entre muchos niños y niñas.

2.  Antes de jugar se delimita el área, en donde se valdrá esconderse.

3.  De igual manera, de entre los niños y las niñas participantes, se elegirá a uno de los chicos quien será el que salga a buscar a sus compañeros.

4.  La niña o el niño elegido para buscar a sus compañeros, debe ponerse de espaldas a éstos y contar hasta 10 antes de voltearse y comenzar la búsqueda. Mientras tanto, el resto del grupo se esconde.

5.  Al terminar de contar, el que busca, sale a descubrir a sus compañeros de juego. Al que encuentre primero, es el siguiente que buscará. Se les avisará a los demás para que salgan de sus escondites y se vuelve a repetir la operación.

# GALLINA CIEGA

1. Pueden participar el número de niñas y niños que se desee. Para jugar, se requiere de un espacio amplio como el de un patio, que esté libre de objetos para evitar accidentes; además se necesita un pañuelo, un paliacate o un trapo largo para taparle los ojos al niño o a la niña protagonista del juego.

2. Mediante un sorteo, se elegirá a un niño o a una niña que será quien represente el papel de "gallina ciega", también se seleccionará a otro participante quien hará el papel de "árbitro".

3. El juego consiste en que el participante que representa a la "gallina ciega" persiga y trate de atrapar a cualquiera de los integrantes del resto del grupo. Podría tratarse de la repetición de cualquier otro juego de persecución, de no tratarse el caso de que quien hace de "gallina ciega", por supuesto que tiene los ojos vendados y eso le impide ver, de ahí el

nombre de este juego. El resto del grupo tratará de no ser atrapado por la gallina ciega.

4. Antes de iniciar el juego se deben hacer dos cosas: La primera, como ya se señaló, es cubrir perfectamente los ojos a la gallina ciega con la tela, para impedir la visibilidad, procurando no apretar mucho el nudo posterior y así evitar lastimaduras; la segunda es limitar el área de juego, especificando que si alguien se sale del terreno señalado pierde automáticamente.

5. Una vez cubierto de sus ojos, la gallina ciega avanzará tratando de atrapar al resto de los niños y niñas que participan. El o la que hace de árbitro, también toma parte en el juego integrándose al grupo. Su papel de árbitro solamente se requerirá cuando haya alguna discusión polémica en el juego y su palabra será el voto decisivo.

6. Mientras avanza la gallina ciega, tratando de atrapar a los participantes, los demás niños y niñas harán ruido de gallinas o pollos y se mantendrán girando alrededor de la gallina ciega pero sin tocarla; para darle pistas en dónde se encuentran para que los siga, pero tratando de confundirla.

7. Si la gallina ciega logra tocar a alguno o alguna de las participantes o en su caso atraparlos, ahora éstos deberán de ocupar el lugar de la gallina ciega y comenzar el juego de nuevo.

8. El juego concluye cuando todos los participantes han sido atrapados y han ocupado sin excepción el lugar de la gallina ciega o cuando lo decidan de común acuerdo los participantes.

# LISTONES

Vieja Inés: - tan, tan.
El ángel: - ¿quién es?
Vieja Inés: - la vieja Inés.
El ángel: - ¿que quería?
Vieja Inés: - un listón.
El ángel: - ¿de qué color?
Vieja Inés:- azul (por ejemplo).

1. En este juego pueden participar el número de niñas y niños que se desee.

2. Para realizar este juego se debe contar con un espacio amplio, como un patio, pero también se puede jugar en el campo.

3. Los participantes tienen que elegir a una niña o un niño para ocupar los tres personajes principales de este juego, según la lista que a continuación presentamos:

La vieja Inés:   es quien va por los "listones" de colores, es decir por los niños y las niñas participantes.

El ángel:   el dueño de los listones, que contesta el diálogo y les pone los colores a los listones.

y el diablo:   ayudante de la vieja Inés, quien cuida a los listones capturados.

El resto de los niños que no ocupan los lugares de los tres personajes anteriormente mencionados, deberán jugar de listones.

4. Antes de iniciar el juego, el que fue elegido de ángel hace una pequeña reunión con quienes van a jugar de listones y en secreto (para que no se enteren la vieja Inés y el diablo) y se escoge un color diferente para cada niña y niño, procurando elegir los colores más comunes (amarillo, rojo, verde, azul, blanco, negro, etc.) éstos serán los colores para cada listón en este juego y no deberán de cambiarlo.

5. También se delimita el terreno del juego.
Se debe de señalar una base que puede ser una pared o una línea en el suelo. Ésta será la casa del ángel, ahí se colocarán todos los listones, al lado contrario, es decir a una distancia aproximada de cinco metros, se marca otra línea muy visible que será nuestra línea de salida, ésta es la casa de la vieja Inés acompañada por quien hace de diablito.
De igual forma se establece una ruta que deberán recorrer los listones para no ser atrapados en el juego.

6. El juego inicia cuando la vieja Inés se acerca a la base donde están el ángel y todos los listones de colores.

La vieja Inés pregunta repitiendo los versos que aparecen al principio. Al llegar a la parte en que el ángel pregunta: ¿de qué color...? la vieja Inés responde con el nombre de un color.

7. Si el color que mencionó la vieja Inés coincide con el color de algún participante, éste deberá salir corriendo de inmediato e intentar recorrer la ruta establecida (como por ejemplo una vuelta al patio o en línea recta al otro extremo y de regreso) para volver a llegar a a casa del ángel a salvo. La vieja Inés por su parte persigue al listón con el propósito de atraparlo.

8. Si la vieja Inés toca el listón, o logra capturarlo, pasará a ser de su propiedad y lo "encierra" en su casa donde el que hace de diablo cuidará de que no escape. Ahí permanecerán todos los listones capturados.

9. El juego continúa con la vieja Inés preguntando, según el verso anotado al principio; el ángel contestando y los listones corriendo, según el color solicitado.

10. El juego termina cuando el ángel ya no tenga listones y todos estén en casa de la vieja Inés.

11. Se pueden tener variaciones en este juego, como por ejemplo, que todos los listones que hayan sido atrapados, se conviertan en diablos y le ayuden a la vieja Inés a capturar a los listones.
También se puede establecer que los listones se puedan escapar de la casa de la vieja Inés y regresen a la casa del ángel y vuelvan a ser listones pero de otro color.

# LO QUE HACE LA MANO, HACE LA TRÁS

1. En este juego pueden participar el número de niñás y niños que se desee.

2. Los participantes tienen que elegir una niña o un niño que será su líder en este juego, el resto de los niños y niñas deben formarse en una fila.

3. El líder se pone al frente del grupo y con la fila siguiéndolo por la espalda, deberá de hacer algunas acciones y el resto de los niños y niñas lo tendrán que seguir y repetir exactamente lo que haga.

4. El líder puede caminar, correr, pararse en la punta de los pies, levantar los brazos, echar maromas, caminar de cojito, etc. El resto del grupo, lo deberá de seguir por un buen rato.

5. Después de un tiempo, el segundo de la fila pasará a ser el líder del grupo y el que fue líder, pasará al último lugar de la cola. Después de otro buen rato, el niño que está en segundo lugar, pasará a ser ahora el líder y este pasará nuevamente al último lugar de la fila.

6. Así se debe de realizar este juego, hasta que todos los integrantes de la fila hayan pasado a representar el papel del líder.

7. Otra versión de este juego, es practicarlo con los niños más pequeños en un salón de clase. Resulta muy divertido y didáctico para los alumnos, quienes formados en una fila, siguen a la maestra en todos sus movimientos, ademanes y gestos.
   También se puede convertir en una diversión familiar, si la mamá, el papá o cualquier adulto, encabeza una fila y trata de hacer movimientos simpáticos como brincos, saludos, etc. y los demás los tratan de seguir.
   La columna avanza por toda la extensión del terreno y después pueden ir, en el orden de la fila, pasando al frente para que lo sigan de igual manera.

# MÍMICA

1. Este juego se puede realizar en espacios cerrados o reducidos, pero también es ideal para realizarlo en un patio, un parque o en el campo.

2. Pueden jugar todos los niños y las niñas que quieran. Por medio de un sorteo se deben distribuir en dos equipos, además se necesita de alguien que haga el papel de árbitro, quien tomará el tiempo y vigilará que nadie haga trampa.

3. Una vez formados los equipos, primero elegirán a un representante que visitará al equipo contrario, además seleccionarán una palabra para que el equipo contrario la trate de adivinar.

4. Uno de los equipos invita al representante del equipo contrario para que interprete con mímica (de ahí el nombre del juego) el título que haya escogido en secreto el equipo.

5. Se pueden escoger nombres de películas, programas de televisión, libros, canciones y todos los temas que se propongan de antemano.

6. Se pueden partir las palabras por sílabas para facilitar la adivinación. No es válido utilizar nombres propios, ni hablar, ni siquiera mover los labios.
Todo es permitido, siempre y cuando sea con base en mímica y gestos.

7. El tiempo promedio que se designa, para adivinar el título o la palabra, es de dos minutos.

8. Una vez que el representante hizo su participación de mímica, sea cual fuere el resultado, le corresponde ahora al representante del equipo contrario hacer su intento de actuación.

9. Finalmente, se puede establecer que el equipo que llegue a 10 aciertos gane, o que cada título que se falle, sea un punto para el equipo contrario.

# NUDOS

Este nudo es divertido,
y a todos nos va a enredar,
con un paso adelante,
y un brazo para atras.
Debes deshacer el nudo
para poder ganar. tú

1. En este juego pueden participar el número de niñas y niños que se desee; para practicarlo se requiere de un espacio amplio como un patio, pero también se puede jugar en el campo.

2. El juego consiste en elegir a un niño o una niña, como "el deshacedor de nudos", todos los demás participantes formarán una fila tomados de ambas manos, menos el que la inicia y el que la termina.

3. Se le tapan los ojos al "deshacedor de nudos", mientras que el que lleva la fila avanza y se mete abajo

de los brazos de sus compañeros varias veces formando complicados nudos. Nadie en la fila debe soltarse, ni caerse, pues se tendrá que volver a empezar el nudo. Al mismo tiempo que se enredan, se dice o se canta el verso anotado al principio.

Finalmente, el niño o niña que inicia la fila tratará de tomarse de la mano del niño o la niña que la finaliza, para cerrar la fila.

4. Cuando los niños participantes en el juego no se pueden enredar más, se le avisa al deshacedor de nudos, para que intente separar las uniones de las manos y se le da un tiempo límite de uno a dos minutos para que trate de deshacer los nudos de sus compañeros. Si logra deshacer algún nudo gana, de no hacerlo pierde.

5. Si el deshacedor no logra su objetivo, puede volver a intentarlo o darle la oportunidad a otro.

Se sugiere que se elija a un "árbitro", quien será el tomador de tiempo, le tapará los ojos al deshacedor de nudos, mientras éstos se forman y se la quitará posteriormente, cuando terminen de anudarse.

# ¿REINA, ME DEJAS PASAR?

¿Reina, me dejas pasar?
-Sí.
¿Con cuántos pasos?
-Con (aquí se dice el número
y tipo de pasos).

1. Comúnmente este juego lo practican más la niñas. Pueden participar el número de niñas que se quiera.

2. Con cualquier forma de sorteo, se elige a una de la niñas que va a representar el papel de la "reina".

3. Este juego se desarolla en un espacio amplio, que deberá contar con una pared, que servirá como base.

4. La reina se coloca de espaldas a la pared y el resto del grupo se sitúa a unos cinco metros de distancia de la base, donde se marcará una línea de salida.

5. Las niñas participantes se colocan en la línea de salida, y preguntan en orden a la distancia de la reina: "¿Reina, me dejas pasar?...", cada niña va preguntando una por una.

6. La reina deberá contestar a cada niña: "sí" o "no", según lo decida. Si dice que "sí", la niña que pregunta agregará "¿con cuántos pasos?"... y la reina contestará, diciendo el número y tipo de pasos que deberá hacer la participante, por ejemplo:
   Paso de pulguita: paso chiquitito.
   Paso de gigante: paso grandote.
   Paso de rana o canguro: pequeños saltos.
   Paso de cangrejo: paso para atrás (de espaldas).

7. Entonces cada niña avanza según le diga la reina. El objetivo del juego es llegar al lugar que ocupa la reina, por ello, la propia reina procura retrasar esa llegada.

8. La reina también puede decir que "no", a alguna de las participantes, indicando que no puede pasar y por ello esa niña no avanza en ese turno.

9. Este juego es novedoso, por los tipos de avances que se presentan en los ingeniosos pasos.
   Así la reina podrá controlar hábilmente su reinado, dejando avanzar a las niñas participantes hasta la base en donde se encuentra y darle finalmente la corona a quien ella desee.

10. El juego termina cuando la mayor parte de las participantes haya ocupado el papel de la reina.

# ROJOS Y AZULES

1. Pueden participar el número de niñas y niños que se desee. Para realizar este juego se debe contar con un espacio amplio de un lugar cerrado, pero también se puede jugar en el campo.

2. Los niños y las niñas participantes deben ser distribuidos en dos equipos: los rojos y los azules, los cuales necesitan tener un número igual de integrantes.

   También se requiere otra niña u otro niño, que tendrá el papel de árbitro.

3. Este juego se desarolla entre dos paredes paralelas, que serán designadas como las bases, una, base para los rojos y la otra para los azules, aproximadamente con una distancia de 10 metros entre ellas.

   Si no se cuenta con estas paredes para jugar, se puede marcar en el suelo con un gis o con una rama en la arena, dos líneas paralelas que serán las bases.

4. Los niños y las niñas de los dos equipos, se colocan en una línea imaginaria, señalada en medio de la distancia entre las dos bases. Al frente de esta fila, se coloca el que hará el papel de árbitro.

5. Los participantes en este juego deberán estar pendientes de la voz del árbitro, quien los observa de frente. En la fila no importa el orden de los integrantes de los equipos.

6. Cuando el árbitro dice por ejemplo: "rojos", todos los integrantes del equipo de los rojos correrán a su base y los del equipo azul tratarán de atrapar a los rojos, antes de que éstos lleguen a su base.

7. Si los participantes llegan a su base, estarán a salvo y si son atrapados antes de llegar a la base, pasarán a formar parte del equipo contrario.

8. Cuando el árbitro diga "azules", los integrantes de este equipo azul correrán a su base y los del equipo rojo tratarán de atraparlos antes de que lleguen a su base.
   Si los azules llegan a su base, estarán a salvo y si son atrapados, pasarán a formar parte del equipo contrario.
   Los que fueron atrapados, ahora pasarán a atrapar a los que fueron de su equipo, es decir cambiarán de bando.

9. Pierde el equipo que se queda sin integrantes.

10. Una variación de este juego, es hacer la división de equipos en niños y niñas y el castigo para los que son atrapados, es quedar eliminados y no podrán seguir participando.
    Igualmente, pierde el equipo que se queda sin integrantes.

# SEMANA INGLESA

1. Este juego es para realizarlo en parejas de una niña y un niño, además se necesita de otra u otro participante que representará el papel de la "semana".

2. La pareja en pie se coloca espalda con espalda y un paso adelante de ellos, de modo que pueda observar a la pareja de frente, se coloca la "semana", quien será la persona que dirá pausadamente y voz fuerte los días de la semana, comenzando por el lunes y terminando en el viernes, de ahí el nombre de este juego.

3. La pareja colocada de espaldas y mirando cada quien al frente, deberán de esperar que la "semana" diga con voz fuerte la palabra "lunes". Al nombrarse el día de la semana, cada uno de los integrantes de la pareja deberá de girar su cara a

la derecha o a la izquierda, pero tener una sola elección.

4. Si los participantes voltean hacia el mismo lado, el niño le debe dar a la niña un beso en la mejilla.

5. Si los participantes voltean hacia lados diferentes, la niña le debe dar al niño una cachetada.

6. El juego continúa, ahora con el día martes, luego el miércoles, etc, terminando la semana en el viernes. Al finalizar el juego, se pueden cambiar las parejas y volver a empezar.

# TAMALADAS

1.  Este juego lo practican más los niños.

2.  Pueden jugar el número de niños que se quiera, pero procurando que sea un número par, para poder formar dos equipos .
    Lo ideal para hacer este juego es en un parque o un jardín, que tenga un árbol grueso y fuerte que nos sirva de apoyo.

3.  Mediante un sorteo, se eligen a los capitanes de ambos equipos, quienes seleccionarán democráticamente a sus integrantes.

4.  Una vez elegidos lo equipos, se establece quién comenzará el juego, colocados de burro, o quién saltará sobre ellos.

En la segunda parte del juego, los papeles se invertirán.

5.  El equipo que salga perdedor en un pequeño sorteo, deberá colocarse de burro.

6.  Apoyado en el árbol, uno de los niños más fuertes del equipo, agachado se abraza al tronco y uno a uno de los integrantes del grupo se colocan detrás de el primero, agachando también la cabeza entre las piernas del de adelante y apoyándose con sus brazos en el niño delantero.
    Así se debe formar una larga columna.

7.  Una vez formada la columna, los contrarios intentarán brincar en la espalda del primer niño que forma la columna para montarlo, o si se puede más adelante, para posteriormente avanzar hasta el inicio de la hilera, donde está el niño que se apoya en el árbol.

8.  Los integrantes de la línea de niños se comienzan a mover de un lado a otro en forma horizontal, pero sin despegarse de la fila, para impedir que los monte el equipo contrario. Así unidos, intentan también derribar a los que han logrado subir.

9.  Si los que intentan brincar a la fila logran subir todos sin excepción y no son derribados, ese equipo es declarado el ganador.

10. También si en la columna alguno de los niños cae, la fila se debe volver a formar y el juego se reanuda.

11. Por el contrario, si son derribados los que intentan montar, o no es posible subir a la fila, en un considerable tiempo, este equipo es el perdedor.

12. Ahora se deben de invertir los papeles y los que sirvieron de burro tendrán la oportunidad de brincar y montar sobre sus compañeros.

13. En este juego se tiene la obligación de no exagerar con la rudeza al momento de brincar, pues pueden provocarse lastimaduras en los que hacen de burros, principalmente en la espalda y en la espina dorsal.

# "TRES POR SEIS, DIECIOCHO"

1. Pueden participar los niños y las niñas que quieran. Para realizarse este juego se necesita un espacio amplio, es ideal para practicarlo en un parque o en el campo.

2. El juego consiste en que una niña, o un niño, persigue a los demás y cuando alguno es alcanzado, éste pasa a ser ahora el nuevo perseguidor.

3. Antes de comenzar a jugar, se elige a un niño o una niña, quien hará el papel de perseguidor, el resto de los niños y niñas serán los perseguidos.

4. El perseguidor se coloca de espaldas al resto del grupo, en una base imaginaria, y cuenta hasta 10. Al terminar de mencionar los números, sale de inmediato a perseguir al resto de los niños con la inten

ción de tocar a uno en la espalda, los hombros, los brazos o atrapar a otro.

5. Una vez que el perseguidor al menos toque a algún niño o niña, deberá de gritar fuerte y rápido: "3 x 6: 18" (tres por seis dieciocho) y el niño atrapado pasará ahora a convertirse en el nuevo perseguidor.

6. Así transcurre el juego. El perseguidor en turno corriendo tras los niños y niñas del grupo y los perseguidos tratando de ponerse a salvo.

7. De antemano se establece si existirán bases o no en el juego, que servirán como puestos de salvamento momentáneo.

8. Otra versión de este juego, es que la niña o el niño que sea alcanzado, pertenezca al bando de perseguidores y ayude al primero a atrapar más pequeños y seguirá diciendo: 3 x 6: 18. El juego concluye cuando todos los niños y las niñas sean perseguidores y no haya a quién atrapar o cuando así lo decidan los participantes.

9. Este juego tiene múltiples variantes, pero en esencia son los mismos de perseguidor y perseguidos. Por eso se conocen con otros nombres como: "Las traes", "La roña" y "Quemados", entre muchos más.

# "UNO, DOS, TRES, CALABAZA"

1. En este juego, pueden participar el número de niños y niñas que se quiera.

2. Con cualquier forma de sorteo, se elige a uno de los niños o una de las niñas, quien va a representar el papel de la "calabaza".

3. Este juego se desarrolla en un amplio espacio, que deberá contar con una pared que servirá como base.

4. Quien fue elegido para representar a la calabaza, se coloca de frente a la pared y de espaldas al resto del grupo quienes se sitúan a unos cinco metros de distancia de la base, donde se marcará una línea de salida.

85

5. Quien hace el papel de la calabaza, dice las palabras del título de este juego: "uno, dos, tres, calabaza" y golpea con la palma de su mano siguiendo el rítmo de cada palabra y al terminar de decir la frase, volteará rápidamente hacia el grupo.

   Mientras los integrantes del grupo, es decir, los restantes jugadores, avanzarán en dirección a la pared y en el momento en que "la calabaza" termina de decir su frase, deberán de quedar inmóviles.

6. Si alguno de los jugadores se mueve, es descubierto y mencionado por la calabaza, deberá de regresar a la línea de salida para volver a comenzar.

7. Así continúa el juego, la calabaza se vuelve a voltear contra la pared y los niños siguen tratando de llegar hasta la base desde el lugar hasta donde avanzaron o desde la línea de salida.

8. El que llegue primero a la pared, será el ganador y pasará a ocupar el lugar de la calabaza. El juego se prolonga hasta que lo decidan los participantes o hasta que todos hayan ocupado el lugar de la calabaza.

# CAPÍTULO 3

# JUEGOS DE PALMADAS Y CON LAS MANOS

En este capítulo presentamos juegos cuya particularidad consiste en que son practicados exclusivamente con las manos, ya sea palmeando cada uno entre sí o con otros participantes; o manipulando con sus dedos a base de chasquidos o pequeñas palmadas.

Para practicar estos juegos se puede utilizar un espacio reducido; aunque los participantes comúnmente permanecen inmóviles en sus lugares, a veces se requiere de un espacio medianamente extenso pudiéndose practicar en espacios cerrados o en un parque.

En este capítulo aparecen estos juegos divididos en dos grandes grupos:

A. Juegos de palmadas y
B. Juegos de manos.

# JUEGOS DE PALMADAS

Los juegos de palmadas son preferidos principalmente por las niñas. En estos juegos participan generalmente dos niñas o a veces cuatro, se cantan versos y se hacen algunos gestos de mímica con las manos, que en su conjunto requieren de gran coordinación y velocidad para jugarlos correctamente.

Estos juegos de palmadas presentan diferencias según las regiones, las zonas, las épocas e incluso hasta las escuelas donde se practican, ya que los versos para jugar nacen, se adaptan, se cambian y se modifican, pero en esencia son los mismos juegos que estimulan la coordinación motriz y sensorial de las niñas que gustan de participar.

# CRUZADAS

Arriba,
abajo,
a un lado,
al otro…

Este juego se practica entre cuatro niñas quienes se colocan en forma de cruz, una enfrente de la otra.

Mientras que unas juegan arriba, las otras irán abajo y cuando se mencione la frase "a un lado", cada una palmeará sus dos manos con la compañera de la derecha.

El objetivo del juego, es repetir el mayor número de veces, la serie que presentamos más adelante siguiendo la frase que aparece al principio.

Este juego es muy divertido, pues se debe practicar con rapidez y sin equivocarse. Las cuatro deben estar muy bien coordinadas.

Después se pueden invertir los papeles y las que jugaron arriba, ahora les toca en la parte de abajo y viceversa.

El orden de las palmadas para este juego es el siguiente:

1. Palmada al frente de cada una de las cuatro participantes.

2. Las dos manos extendidas hacia adelante, para chocar con las de su compañera. Unas palmean hacia arriba y las otras para abajo.

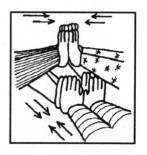

3. De nuevo, palmada al frente de cada una de las cuatro participantes.

4. Las dos manos extendidas, pero ahora para palmear con la compañera de la derecha, según se muestra en el dibujo.

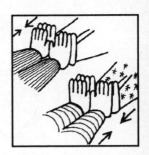

5. Palmada al frente de cada una de las cuatro participantes.

6. Las dos manos extendidas, para palmear con la compañera de la izquierda, según se nota en la imagen. Se repite esta serie de palmadas, desde el primer paso, para durar el mayor tiempo posible.

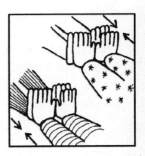

# MARINERO

Marinero que se fue a la mar y mar y mar,
para ver que podía ver y ver y ver,
y lo único que pudo ver y ver y ver,
fue el fondo de la mar y mar y mar.

Este juego se realiza entre dos niñas, quienes llevan el ritmo de las palmadas combinadas con ademanes y gestos de mímica. Las niñas jugarán colocadas de frente.

Para practicarlo se deben de hacer los 24 pasos que te mostramos más adelante, muy rápido, coordinadas y sin equivocarse. El objetivo es repetir la serie de palmadas y gestos, mencionando los versos que presentamos al principio, el mayor número de veces posible.

1. Palmada al frente de cada una de las participantes (aquí se dice la primer palabra del verso: "Mari..").

2. Mano derecha extendida hacia el frente, palmeando con la mano derecha de la otra niña que juega (se completa la frase: "..nero").

3. De nuevo, palmada al frente de cada una de las participantes. (se dice: "que se…").

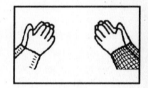

4. Mano izquierda extendida hacia el frente, palmeando con la mano izquierda de la otra niña que juega (se dice: "va a…").

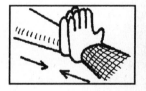

5. Palmada al frente de cada una de las participantes (se dice: "la…").

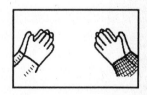

6. Palma de la mano derecha hacia la cabeza, simulando un saludo de marinero. Esto se hace tres veces rápidamente (se dice: "... mar y mar y mar").
Cada voz coordinada con el movimiento.

7. Palmada al frente de cada una de las participantes (se dice: "para...").

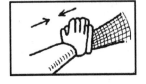

8. Mano derecha extendida hacia el frente, palmeando con la mano derecha de la otra niña que juega (se dice: "ver...").

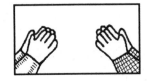

9. Palmada al frente de cada una de las participantes (se dice: "si...").

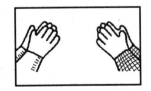

10. Mano izquierda extendida hacia el frente, palmeando con la mano izquierda de la otra niña que juega (se dice: "podí...").

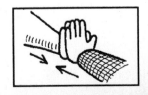

11. Palmada al frente de cada una de las participantes (se completa la frase anterior y se dice: "...a").

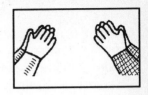

12. Palma de las dos hacia los hombros con los brazos cruzados. Esto se hace tres veces rápidamente (se dice: "... ver y ver y ver"). Cada voz coordinada con el movimiento.

13. Palmada al frente de cada una de las participantes (se dice: ("Y lo...").

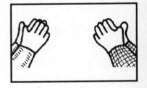

14. Mano derecha extendida hacia el frente, palmeando con la mano derecha de la otra niña que juega (se dice: "uni...").

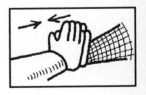

15. Palmada al frente de cada una de las participantes (se completa la palabra: "...co").

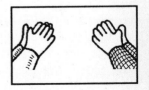

16. Mano izquierda extendida hacia el frente, palmeando con la mano izquierda de la otra niña que juega (se dice: "que pu...").

17. Palmada al frente de cada una de las participantes (se completa la palabra: "...do").

18. Palma de las dos manos hacia los muslos. Esto se hace tres veces rápidamente (se dice: "... ver y ver y ver"). Cada voz coordinada con el movimiento.

19. Palmada al frente de cada una de las participantes (se dice: "Fue el...").

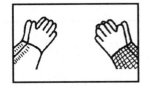

20. Mano derecha extendida hacia el frente, palmeando con la mano derecha de la otra niña que juega (se dice: "fon...").

21. Palmada al frente de cada una de las participantes (se completa la palabra: "...do").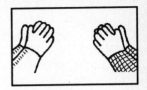

22. Mano izquierda extendida hacia el frente, palmeando con la mano izquierda de la otra niña que juega, (se dice: "de").

23. Palmada al frente de cada una de las participantes (se dice: "la").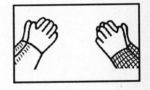

24. Combinación rápida de un saludo de marinero; toque de los hombros con los brazos cruzados y toque de los muslos (se dice la frase final de la serie: "...mar y mar y mar.").
Cada voz coordinada con el movimiento.
Se repite la serie desde el primer paso, para durar el mayor tiempo posible.

# PANCHO VILLA

A Pancho Villa,
le gusta la tortilla,
con pan y mantequilla.

Se sube a la silla,
se cae de rodillas.

Se sube al sillón,
se cae de sentón.

Se sube al ropero,
se cae al agujero.

Se sube al techo,
se cae chueco.

Se sube a la mesa,
se cae de cabeza.

Se sube a la cama,
se cae con pijama.

Se sube a la tele,
y se cae por travieso.

Este juego se práctica entre dos niñas, colocadas una enfrente de la otra, siguiendo el orden de unas palmadas, las cuales se explican en detalle más adelante.

El objetivo del juego es practicar las series de palmadas, haciéndolas cada vez más rápidas y procurando durar el mayor tiempo posible sin equivocarse.

1. Palmada al frente de cada una de las participantes.

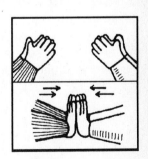

2. Las dos manos extendidas hacia adelante, para chocar con las de su compañera.

3. De nuevo, palmada al frente de cada una de las participantes.

4. Mano derecha extendida hacia el frente, palmeando con la mano derecha de la otra niña que juega.

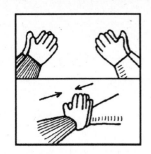

5. Palmada al frente de cada una de las participantes.

6. Mano izquierda extendida hacia el frente, palmeando con la mano izquierda de la otra niña que juega.
Se repite esta serie, desde el primer paso, para durar el mayor tiempo posible.

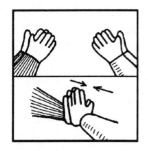

# JUEGOS DE MANOS

Aunque hay un dicho que dice: "juegos de manos, es de villanos", en este caso no lo es. En este tipo de juego, no se utilizan a veces las palmadas, pero sí las manos y los dedos y pueden participar niños y niñas mayorcitos; hasta los adultos disfrutan de las actividades.

Generalmente estos juegos se practican sentados y formando un círculo; no son exclusivos para realizarse al aire libre, sino que son divertidos e idóneos para proponerse en un espacio cerrado o para una reunión o una fiesta.

# BARTOLO

1. En este juego pueden participar tanto niños y niñas, así como los adultos.

2. Los participantes se colocan en forma de círculo, ya sea sentados en sillas o si se trata del suelo, con las piernas cruzadas.

3. Los participantes eligen a uno de los niños, al que identificarán con el número uno. Así en orden a su derecha, seguirán con los números posteriores, el 2, el 3, hasta la cifra en que llegue al último. Es decir, a cada jugador le corresponde un número.

4. El ritmo que se tiene que llevar en el juego, es de dos palmadas sobre las piernas y luego dos chasquidos de los dedos medio y pulgar de ambas manos.

5. El requisito inicial en este juego es que todos los participantes se aprendan su número, el cual no debe cambiarse.

   Alguien comienza diciendo su propio número dos veces al ritmo de las palmadas en las piernas y al hacer los chasquidos con los dedos hay que mencionar otro número cualquiera, para que continúe al que le corresponda.

6. Cuando un participante escuche al último el número que le corresponde, es su turno de continuar con el mismo ritmo llevado por todos. Mencionando primero su número y enviando a otro compañero la oportunidad de responder.

7. Se puede quedar fuera del juego cuando: Se tarda en contestar, no sigue el ritmo, no responde a su número cuando le corresponde, se equivoca al decir el orden de los números o dice una cifra que ya perdió o que no existe.

   Todas estas causas, son motivo para que el competidor pierda y por lo tanto debe abandonar el círculo y el juego.

8. Al jugador que pierde y va saliendo del juego se le llama "Bartolo". Mientras avanza el juego van quedando eliminados participantes y por lo tanto las posibilidades de equivocarse son mayores.

9. El participante que sobrevive al final del juego es declarado el ganador.

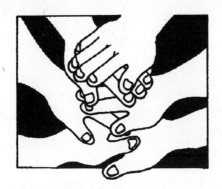

# BISTECES

1. En este juego pueden participar el número de niños y niñas que se desee, pero lo recomendable es que no exceda de ocho.

2. Para realizarlo se requiere el apoyo de una mesa o el de una silla, pero puede practicarse incluso en el piso.

3. Por su parte, los niños y niñas pueden jugar de preferencia sentados, pero también lo pueden hacer de pie.

4. Antes de iniciar el juego, se elige a un niño o una niña que colocará su mano derecha palma abajo en el sitio seleccionado. Encima de su mano, en la misma posición, el primer niño o niña a su derecha, coloca también su mano derecha.

5. En orden, siguiendo a la derecha del que inició el juego, van colocando su mano derecha palma abajo, encima de la mano del que va antes.

   Así van encimando sus manos para que parezcan "bisteces", uno tras otro.

6. Una vez que todos los niños participantes han puesto su mano derecha, es el turno de colocar la mano izquierda, en la misma posición que la anterior.

7. Cuando todos los niños han colocado sus dos manos, es el turno del primero de sacar la mano derecha de abajo del "montón de bisteces" para ubicarla encima, nuevamente con un manotazo.

   Aquí los participantes pueden poner presión, para impedir la salida de la mano y hacer el juego más divertido.

8. El juego consiste en coordinar los movimiento de la mano; la del fondo, siempre va a la cima, aunque lo difícil será sacarla.

9. Este movimiento hay que hacerlo rápido para no desordenar, la "montaña de bisteces".

   Así prosigue el juego, hasta que todos hayan puesto el primer "bistec" y concluye cuando lo decidan de común acuerdo los jugadores.

# CARICATURAS

Caricaturas,
presenta
nombres de...
ciudades.
(Por ejemplo, México.)

1.  Se puede jugar entre varias niñas o niños, y su práctica sirve mucho para despertar su agilidad mental.

2.  Los participantes se colocan en forma de círculo, ya sea sentados en sillas o si se trata del piso, con las piernas cruzadas.

3.  El ritmo que se tiene que llevar en el juego, es de dos palmadas sobre las piernas y luego dos chasquidos de los dedos medio y pulgar de ambas manos.

4.  De antemano se elige qué categoría de "caricaturas", es decir, el tema con que se va a jugar, puede

ser: frutas, programas, verduras, animales y útiles de la escuela, entre otros.

5.  El objetivo del juego es repetir los versos anotados al principio y en la parte correspondiente a la frase: "nombres de..." deben mencionar una palabra del tema elegido.

6.  Para participar se debe ir mencionando en orden una parte del verso y al pequeño de al lado, le corresponde continuar el juego. Lo ideal es tratar de dar la vuelta completa al círculo.

7.  Los competidores pierden si se pierde el ritmo, si se da un mal ejemplo, si se repite la palabra, si se queda callado, o titubea.

8.  El que pierde, es eliminado y debe abandonar el juego. Los participantes se van recorriendo en el círculo. En donde fue eliminado el competidor, se reanuda el juego diciendo nuevamente: "caricaturas...".

9.  El participante que sobrevive al final del juego es declarado el ganador.

# MANITAS CALIENTES

1.  Este juego es muy sencillo, pero no por ello deja de ser divertido. Se juega por parejas y los demás pueden hacer retadoras.

2.  En este juego uno de los participantes tratará de dar un manotazo, mientras el otro tratará de evitarlo. Mediante un sorteo se decidirá quién ocupará cada papel, para luego invertir los lugares.

3.  Los dos participantes se colocan de frente con los brazos extendidos. El que dará el manotazo con las palmas de sus manos para arriba y haciendo contacto con las palmas del que recibirá el manotazo, las cuales estarán colocadas para abajo.

4.  El que tiene las manos abajo, debe girarlas rápidamente, para dar el manotazo al compañero, y éste a

113

su vez debe evitar el golpe, tratando de ser más rápido que su contrincante quitando las palmas de sus manos.

5. Si el que da el manotazo acierta, continúa nuevamente con el juego. Si por el contrario falla, ahora es la oportunidad del contrincante y deberán de invertir los papeles.

6. Existe una variante de este juego, que consiste en colocar las manos de perfil delante del jugador, y el contrario con movimientos horizontales intentará darle el manotazo al adversario. En esta variante del juego, se tienen las mismas reglas que en el original.

# TELEGRAMA

Yo mando un telegrama a...
Telegrama recibido.

1. En este juego pueden participar todos los niños y niñas que se quiera.

2. Los participantes se colocan en forma de círculo, ya sea sentados en sillas o si se trata del suelo, con las piernas cruzadas, pero tomados de la mano.

3. De entre los niños participantes se elige a uno de ellos, para que se coloque en el centro del círculo. A este personaje se le conoce como el "cartero".

4. El juego consiste en mandar un "telegrama" de un

participante a otro, por medio de un apretón de manos, pero disimulado, para que el cartero no lo pueda interceptar.

5. De los integrantes del círculo, se elige a un niño o niña quien enviará el telegrama y éste o esta elige a otro participante que será el destinatario del telegrama.

6. La persona que va a mandar el telegrama debe decir: "yo mando un telegrama a…", y aquí se dice el nombre del niño o la niña a la que le debe llegar el mensaje. El que hace el papel del cartero, se pone de pie en el centro del círculo y de frente a quien va a enviar el mensaje.

7. El que envía el mensaje, debe dar un ligero apretón de mano, en sólo uno de los lados que él elija. Quien recibe el apretón a su vez debe continuar con otro apretón al compañero de lado. Así hasta tratar de llegar al destinatario del telegrama.

8. Cuando el destinatario recibe el apretón de mano, debe decir inmediatamente "telegrama recibido"… el juego concluye.

9. En caso de que el cartero descubra en dónde va y por que lado el apretón de manos, debe mencionarse el nombre del personaje descubierto, y ese participante pasa a ser el cartero y el excartero, se coloca en su lugar.

# UNA CUCHARA, ¿UNA QUE?...

Una cuchara,
¿una qué?…
una cuchara.

Un cuchillo,
¿un qué?…
un cuchillo.

1. Este juego es muy divertido y simpático para los chicos y las chicas, pues se trata de jugar rápido y coordinadamente, para propiciar que los jugadores se confundan y se equivoquen.

2. Puede jugar el número de participantes que se quiera, los cuales deben sentarse en el piso en forma de

círculo. Además se necesita de una cuchara sopera y un cuchillo de sierra sin filo.

3. Se ubican dos extremos del círculo que formaron los participantes y a cada niño o niña que le corresponda, se le da a uno una cuchara y al otro un cuchillo. Los niños o niñas que los reciben deben entregar su respectivo cubierto y decir, en el caso de la cuchara, a su compañero de la derecha:
   - Esto es una cuchara (y mostrársela),
   - ¿una qué?... (contestar el de junto),
   - una cuchara (y pasársela).
   Así su compañero que le tocó el cuchillo.

4. Las equivocaciones provocan la risa de los participantes y más cuando coinciden en algún lugar del círculo, el cuchillo y la cuchara.

5. Aquí los que pierden no necesariamente tienen que abandonar el juego.

6. Para hacer más interesante el juego, se pueden poner a circular más cubiertos y tratar de repetir los versos anotados al principio. Se pueden incluir un tenedor, una cucharita o una gran cuchara.

# CAPÍTULO 4

# JUEGOS CON OBJETOS

En este apartado presentamos algunos juegos, en los que la particularidad consiste en que para jugarlos se requiere de ciertos objetos, los cuales muchas veces son de uso común, de desecho, de uso personal o juguetes.

# ACITRÓN

Objeto: Sacapuntas, gomas, lápices,
plumas, juguetes o cualquier
artículo pequeño y fácil de
tomar con la mano.

Bartolo tenía una flauta,
con un agujero sólo…
y vamos a dar la lata…
con la flauta de Bartolo.

Acitrón, de un fandango,
sango, sango, sabaré, sabaré,
de marandela,
con su triqui, triqui, trán.

123

1. En este juego pueden participar tanto los niños y niñas, como los adultos.

2. Los participantes se colocan en forma de círculo y sentados en el piso con las piernas cruzadas.

3. Cada competidor tendrá un objeto pequeño en la mano y que sea fácil de manejarlo.

4. Se comienza cantando los versos anotados al principio y cada uno de los participantes pasa el objeto al ritmo de cada palabra al compañero que tiene a la derecha.
   Cuando se menciona la parte donde se dice "triqui, triqui, trán," cada participante se queda con el objeto y no lo pasa, adelantándolo, retrasándolo y volviéndolo a adelantar para esta vez soltarlo al compañero de la derecha y continuar el juego.

5. El que se queda sin objeto o con más de uno, pierde y debe salir del juego.

6. El objetivo del juego es ir haciendo los movimientos antes mencionados, cada vez más rápidos y de esta forma el que falla va siendo eliminado. Gana quien sobrevive al último.

# A PONERLE LA COLA AL BURRO

Objeto: El burro y su cola,
hecho de cartón, papel
o tela.
Un pañuelo.

1. Este juego es de los más populares y tradicionales que se conocen. Pueden participar cualquier número de niños y niñas.

2. Para realizar este juego, se tiene que dibujar un burro grande en un cartón, papel o tela, aproximadamente en un cuadrado de 30 centímetros por lado. Este dibujo, una vez terminado, puede pegarse en alguna pared, una puerta o dibujarlo en un pizarrón. También hay que hacer una cola del burro, ya sea en tela o papel.

3. Para jugar se coloca el dibujo del burro en la pared y a una distancia aproximada de un metro y medio; se forman los niños y las niñas participantes en una fila.

   Al primero de la columna se le pone un pañuelo que le impide ver.

   Este participante caminará a ciegas en línea recta en dirección al burro, con la intención de colocarle la cola.

4. La cola del burro puede hacerse de tela, cartón o con una cuerda de 15 centímetros de largo. Con un pedazo de tela adhesiva en uno de los extremos, para que se pueda pegar en la imagen.

5. Así todos los niños y niñas participantes, debidamente cubiertos de los ojos con el pañuelo, tendrán su turno para intentar colocar la cola en su lugar al burro.

6. El participante que más se aproxime al lugar correcto, es el que gana.

7. Este juego puede tener otras opciones como la de "la nariz al payaso", "la cola a la vaca", "la oreja al conejo", "el bigote al charro", "la cola al puerquito", etcétera.

8. También se pueden elaborar las piezas de material más resistente, como de fieltro o velcro. El juego es ideal para proponerlo en las fiestas infantiles o en los grupos escolares.

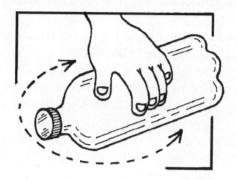

# BOTELLA

Objeto:  Una botella. Ya sea de
cristal o de plástico;
de preferencia
envase grande.

1.  Se puede jugar entre muchas niñas y niños en un lugar cerrado.

2.  Los participantes se colocan en forma de círculo, sentados en el suelo con las piernas cruzadas. Si es posible, lo ideal es sentar intercalados a una niña y a un niño.

3.  Se elige a uno de los participantes para que al centro del círculo gire la botella en el piso.

4.  Al terminar de girar la botella y detenerse, al niño o a la niña que señale la boca de la botella, tiene que salir del juego.

127

5. Así transcurre el juego y al participante que le toque la boca de la botella, pierde y debe abandonar el círculo.

   El ganador es el último jugador que quede sin que le toque la boca de la botella.

6. Otra opción para jugar es que al niño o niña que le toque la boca de la botella, le pone un castigo al que le corresponda la base de la misma.

   Al que le toque el castigo debe de cumplirlo y si no lo hace sale del juego. Si cumple su castigo, es su turno de girar la botella.

7. Otra modalidad que juegan los más mayorcitos, es que en lugar de castigos se dan besos en la mejilla a los niños y niñas que les correspondió la boca y la base de la botella.

# BOTE PATEADO

1. Puede jugar el número de niños que se desee, entre más participantes es mejor.

2. Se requiere de un bote de metal. (Comúnmente se utilizan los botes desechados de jugo de tomate, de refresco, de chiles y en general, todos los que tienen una estructura dura).

3. Se elige al azar a quien manipulará el bote en una base imaginaria, el resto de los participantes deberán de esconderse.

4. Para iniciar, se elegirá un niño (que no deberá de ser el que manipulará el bote) quien pateará el bote fuera del área de juego. (De ahí el nombre del juego).
   Por su parte, el que manipulará el bote, lo recoge y lo coloca en la base imaginaria lo más pronto posible.

129

5. Una vez que el que manipula coloca el bote en el piso, sale a buscar a los escondidos, alejándose de la base y tratando de descubrir a los compañeros de juego.

6. Si el que maneja el bote descubre a cualquiera, debe correr hasta el bote y golpear en el suelo con él tres veces, diciendo: "un, dos, tres por..." (aquí se dice el nombre del niño descubierto) "que está escondido en..." (aquí se dice el lugar exacto) y este niño o niña, será el siguiente que buscará a sus compañeros en el próximo juego.

7. Por su parte, los que están escondidos tratarán de llega hasta el bote sin ser vistos y si son descubiertos, deberán de correr para ganar el bote y golpear con él el suelo, diciendo: "un, dos, tres, por mí y por todos mis compañeros". Con ello salva al resto de los competidores.
   Si sucede esto, el resto de los jugadores salen de sus escondites y el que maniobra el bote continúa buscando.

8. Para reiniciar el juego, cualquiera de los niños patea el bote lejos, desde la base. Al que le toca ir a buscarlo, corre por él, para recogerlo y ponerlo en la base y los demás niños, corren nuevamente a esconderse y de esa forma continuar el juego.

9. El juego concluye cuando han sido descubiertos todos los niños, o hasta que lo decidan los jugadores.

# CARRERAS CON COSTALES

Objetos: Costales de yute o plástico.

1. Puede participar el número de niños y niñas que se desee.

2. Para realizar este juego se debe contar con un gran espacio abierto para poder correr, es ideal para jugarlo en el campo.

3. Se necesita de costales, uno para cada participante. Cada costal debe de llegar cuando menos a la cintura del participante.

4. Antes de comenzar se establece una línea de salida y otra línea de meta. La primera, a una distancia de tres metros de la otra.

5. Los jugadores se colocan en la línea de salida, meti-

dos en el costal hasta la altura de la cintura y sostenido con las manos.

6. Uno de los niños o las niñas será elegido como arbitro y no participa en la carrera. Él será el encargado de dar las voces de salida: "a la una, a las dos y a las... tres".

7. El objetivo del juego es recorrer la distancia entre la salida y la meta, metido en los costales y por medio de pequeños o grandes saltos.

8. Si el competidor al avanzar en el costal cae o se tropieza, debe de incorporarse y continuar en la competencia hasta completar el recorrido.

9. Quien logre llegar a la meta en estas condiciones, es el ganador.

# CINTURONAZO

Objeto: Cinturón de cuero o reata.

1. Este juego lo practican principalmente los niños. Puede participar el número de niños que se desee.

2. Para jugar se requiere de un patio o jardín grande, además de un cinturón ligero de algún competidor o uno prestado del ropero de papá.

3. Antes de comenzar, uno de los niños será elegido para que inicialmente esconda el cinturón, ya sea en el patio o en el jardín procurando que sea en un lugar estratégico y no tan fácil de encontrar. El resto de los niños saldrá a buscar el cinturón.

4. También se escoge una línea que será la base o bien se puede utilizar una pared.

5. Los niños que buscarán el cinturón se ponen de espaldas en la base y cuentan fuerte hasta10 o hasta que el niño que esconde el cinturón lo indique.

6. Una vez que el niño encargado avisa que ya escondió y quedó oculto el cinturón, el grupo sale de la base en su búsqueda. El niño que escondió el cinturón, dirigirá constantemente al grupo, comenzando desde la voz, "frío, frío"... y a medida que se acerca al menos un competidor al escondite, deberá indicarlo con la voz "tibio, tibio", sin especificar el nombre del niño que se acerca y si es inminente que algún niño va a encontrar el cinturón, deberá decir "caliente, caliente".. hasta que alguien encuentre el cinturón.

7. Ahora el niño, con el cinturón en la mano, persigue al resto del grupo, quienes deberán correr lo más rápido posible hasta llegar a la meta. El que encontró el cinturón persigue al grupo e intenta dar pequeños cinturonazos (con el cuero y nunca con la hebilla) en las asentaderas y en las piernas, a quien esté más cerca. Sólo es permitido esto antes de llegar a la base.

8. Una vez que todos los niños han llegado a la base, si alguno de ellos fue alcanzado por un cinturonazo, ése será el encargado de esconder ahora el cinturón. Así hasta que se decida dejar de continuar el juego.

# "EL REY (O LA REINA) PIDE..."

Objeto: Varios que el Rey o la
Reina irán pidiendo.

1. Pueden participar los niños y las niñas que se quiera. Antes de iniciar el juego, se deberá de dividir a los participantes en dos equipos; asimismo se tendrá que elegir a un niño o niña del grupo que tendrá el papel de Rey (si es niño) o de Reina (si se trata de una niña).

2. El objetivo del juego es que los integrantes de los dos equipos deberán de conseguir los objetos varios que el Rey o la Reina pidan. El integrante de alguno de los equipos que ponga en las manos del Rey o de la Reina lo solicitado, habrá ganado un punto para el equipo al que pertenece.

3. El que fue elegido para ser el Rey o la Reina, toma su lugar al frente del grupo, es decir, de los dos e-quipos. También se destina un lugar para recibir los objetos que se van pidiendo.

4. El Rey o la Reina dirán las palabras centrales del juego: "El Rey (o la Reina) pide...", y en este punto dirá el objeto que se le ocurra, de cosas comúnes, raras, extrañas, etcétera.

5. El integrante del equipo que haga llegar primero al Rey o Reina el objeto solicitado ganará un punto para su equipo. Al final del juego el que gane más puntaje será el equipo vencedor (por ejemplo se puede jugar a alcanzar 10 puntos).

6. Entre los objetos que se sugieren están: un peine, un reloj, un anillo, una calceta, un zapato de deter-minado color, un boleto del metro, de autobús o al-go parecido; una bolsa, una caja de cerillos, una cuchara, una diadema, entre otras cosas más.

# FRÍO O CALIENTE

Objeto: Varios, como unas prendas
de vestir, que no sean muy
pequeñas.

1. Este juego se puede practicar en lugares cerrados. En él participa el número de niños o niñas que se desee.

2. De entre los niños y niñas participantes, se elige a dos de ellos para representar el papel de: "orientador" (quien será el que dará las voces de frío o caliente) y el "adivinador" (quien será el que buscará en la habitación, y por eso deberá salirse del lugar).

3. El que hace el papel del "adivinador", se sale del cuarto, de la sala o del lugar elegido para jugar, y espera que lo llamen, mientras los demás jugadores esconden el objeto, que puede ser un suéter, una gorra, un pantalón, etcétera.

137

4. Cuando el adivinador entra, nadie habla, sólo lo hará el "orientador", quien es el que dirá las voces "frío" o "caliente", respecto a la cercanía del adivinador al objeto escondido.

5. La clasificación de las voces del orientador hacia el objeto es el siguiente:
   - Frío: está lejano.
   - Helado: está lejísimo.
   - Tibio: se acerca.
   - Caliente: está muy cerca.
   - Se quema: está juntito a él.

6. Ya que el adivinador encuentre en un tiempo razonable, el objeto, se elige otro compañero de juego y se vuelve a comenzar, escondiendo otro objeto en cualquier sitio, de una casa o un salón de clases.

# HOYITO

Objeto:  Pelota de esponja mediana.
Unas piedritas.

1.  En este juego pueden participar el número de niños y niñas que se desee.

2.  Para hacer este juego se requiere de un espacio grande, preferentemente en donde haya arena o tierra y un lugar amplio para correr. Además se necesita, como ya se mencionó con anterioridad, de la protagonista principal de este juego: una pelota de esponja.

3.  El juego consiste en introducir la pelota de esponja rodando, en cualquiera de los hoyitos que los competidores hicieron en la arena. Para hacer los orificios se pueden auxiliar con un pequeño palo o rama, y ayudarnos con la pelota, para verificar que ésta quepa.

4.  Se establece primero una base en línea recta y a unos cinco metros de distancia, se marca en el suelo una raya que será nuestro límite para tirar la pelota. Cada competidor deberá hacer, dos metros adelante, un hoyito en la tierra, lo suficientemente grande como para que quepa la mitad de la pelota de esponja.

5.  Cada competidor colocará, en la parte posterior del hoyito que fabricaron, su inicial, su nombre o un número, que los identifique.
    Una vez hecho lo anterior se sortean por turnos el orden de tirada. Cada jugador tiene una oportunidad para lanzar la pelota y si falla (es decir que no caiga en ningún hoyito), continúa otro jugador.

6.  Si la pelota rodando por el suelo cae en cualquier hoyo, el dueño del orificio recoge rápidamente la pelota y trata de tocar con ella a cualquiera de los niños. Esto sólo será válido corriendo y alcanzándolo con la pelota en la mano.

7.  Si él que trae la pelota logró tocar a otro compañero antes de regresar a la base, se le anota a este último "un hijo", es decir, se coloca en su hoyito una piedrita que significa que lleva un punto malo.

8.  Si el que trae la pelota no logró alcanzar a ninguno de sus compañeros, "el hijo" y la piedrita en el hoyito será para él.

9.  El juego continúa hasta que alguno de los participantes alcance tres "hijos". En este caso se puede establecer con anterioridad, que se haga acreedor a un castigo simbólico

# JUEGOS DE FUERZAS

1. Para realizar este juego, se necesita formar dos equipos, aproximadamente de igual número y complexión de los niños y las niñas participantes; también se necesita una cuerda larga y un pañuelo o paliacate.

2. Antes de comenzar a jugar, se elige a uno de los niños o de las niñas, para que haga el papel de árbitro.

3. Exactamente a la mitad de la cuerda, se coloca el pañuelo o el paliacate y se traza debajo de ella una línea que será nuestra meta.

4. Cada equipo se coloca para jalar de los extremos de la cuerda. A la voz del árbitro, que dirá: "1, 2 y 3" o "ya", será la señal, para comenzar a jalar los equipos en direcciones contrarias. El equipo que logre hacer pasar a los contrarios por la línea de meta, será declarado el ganador.

# NUMEROS

Objeto: Pelota de esponja mediana.

1. Este juego es practicado principalmente por los niños. Pueden participar en él cualquier número de competidores.

2. Para hacer este juego se requiere de un espacio grande, que cuente con una pared alta y sin bordes. El lugar debe ser amplio para poder correr. Finalmente, se necesita de una pelota de esponja mediana.

3. El juego consiste en arrojar la pelota a la pared para que rebote y alguno de los niños la recoja antes que dé dos botes en el suelo. También se debe marcar en la pared un límite inferior donde la pelota debe rebotar, de ahí hacia arriba.

4. Antes que inicie el juego, se establece un número para cada niño competidor, comenzando por el

número uno, y así hasta la cifra que cubra al ultimo participante.

5. Una vez que cada niño se aprendió su número para participar, el que tiene el número uno arroja la pelota bastante alto, y al momento de enviarla hacia la pared debe mencionar un número que corresponde a otro niño competidor.

   El dueño del número mencionado, debe estar pendiente y tratar de agarrar la pelota al dar sólo un bote en el suelo.

   Si la atrapa, debe repetir la operación anterior y mencionar otro número diferente, para que el juego continúe.

6. Pierde el competidor que se quede callado, quien no atrape la pelota cuando le corresponda su número, quien mencione un número equivocado o su propio número, quien deje que la pelota dé dos botes en el suelo o quien arroje la pelota por debajo del límite inferior en la pared.

7. En todos los casos anteriores, los niños participantes pierden y deben ir saliendo del juego.

8. El niño que sobreviva sin salir al final del juego, es declarado el ganador.

# PAREJAS DE ANIMALES

Objeto:  Pequeños papelitos
cortados por pares,
con nombres de animales.

1.  Este juego se puede practicar entre muchos niños y niñas, pero se debe procurar que sean en número par.

2.  Antes de comenzar el juego, se elaboran los papelitos de igual forma y tamaño en un número par. En estos papelitos se anotan nombres de animales, igualmente en pares.
    De preferencia, se sugiere que los nombres de animales sean los más conocidos y comunes como perros, gatos, pollos, patos, cerdos, pájaros, leones, delfines, elefantes, etcétera.

3.  Los papelitos con los nombres se doblan y se reparten entre los participantes. Cada niño y niña desdo-

bla el papelito que le tocó y lee en silencio el animal que representará.

4. Ahora es el momento de jugar. Los participantes no
saben quién es su pareja y la forma de descubrirlo
es hacer sonidos del animal que le tocó.
Como los niños y niñas están distribuidos por todos
lados, los sonidos de los animales se confunden y
hacen el juego muy divertido.

5. La primera pareja de animalitos que se encontró y
avisó, es la ganadora y las demás continúan el juego
hasta que todas se encuentren.

6. Una variación de este juego es proponerse en una
fiesta, en un local cerrado, y a la hora de la búsqueda, puede apagarse la luz para crear aún más confusión.

7. Otra modalidad puede ser formar tríos o cuartetos
de animales dependiendo del número de participantes y cuando éstos son demasiados.
En alguna reunión escolar o familiar es ideal para
jugarlo con los niños y los adultos.

# RAYUELA

1. No existe límite de competidores para participar, pueden competir niños y niñas. Éste es un popular juego que se practica con monedas.

2. Para practicar este juego se requiere contar con un espacio en la arena o también se puede jugar en un patio de concreto.

3. Se marca una línea de tiro y a una distancia de un metro y medio, aproximadamente, se señala otra línea que será nuestra rayuela.

4. Por turnos, cada competidor tira su moneda hacia la rayuela, el objetivo del juego es quedar lo más cercano posible de la línea más alejada. Una vez que se realiza cada tiro, las monedas no deberán de moverse de su lugar, hasta que todos los participantes lancen.

5.  No importa si la moneda de un competidor golpea la de otro durante el juego puesto que a veces puede beneficiar o perjudicar a ambos competidores esta situación.

6.  Se considera el campo de juego lo comprendido entre la línea de tiro y la rayuela. Lo ideal es que la moneda de cualquier competidor quede exactamente sobre la rayuela.
    Pero el competidor quedará eliminado del juego si su moneda rebasa la rayuela, no importando la distancia.

7.  El jugador cuya moneda se detenga más cerca de la rayuela sin pasarse, será el ganador.

# TACÓN

1. En este juego de habilidad y precisión pueden participar el número de niños que se desee. Sólo se requiere de un tacón desprendido de un zapato inservible de hombre (sin clavos, ni tachuelas por supuesto) además de algunas monedas.

2. En un espacio grande, se marca con un gis en la banqueta o en un patio de concreto, o con una rama en la arena, un círculo de aproximadamente un metro de diámetro.

3. En ese círculo se colocan las monedas de iguales o diversas denominaciones. (Se puede establecer que cada competidor coloque un número igual de monedas para apostar en la competencia) Lo ideal es que las monedas no estén juntas, sino dispersas en toda la superficie del círculo, para hacer el juego más emocionante. También se pueden colocar todas

las monedas juntas y tratar de separarlas con un fuerte golpe del tacón.

4. Ahora corresponde a los niños competidores, intentar sacar las monedas con el tacón, mediante turnos previamente establecidos.

5. La manera de intentar sacar la moneda es tomando el tacón con los dedos índice y pulgar de la mano y apoyándolo con el resto de los dedos. Hacer la mano con el brazo para atrás, regresarlo rápidamente y soltar el tacón, para que girando a toda velocidad, dé un golpe rápido en el suelo y con ese impulso sea golpeada la moneda y salga del círculo.
Es válido levantar un pie para tomar más impulso, pero SIN PISAR EL CÍRCULO, puesto que eso sería una falta y el tiro no correcto.

6. Si el tacón golpea la moneda y ésta sale del círculo, pasará a ser propiedad del jugador. Si la moneda no sale del círculo seguirá en juego y vendrá la oportunidad para otro niño.

7. El juego concluye hasta que sean sacadas todas las monedas o hasta que lo acuerden todos los jugadores.

8. Una variación de este juego es colocar las monedas en una línea recta, un metro atrás, marca otra línea, que será la línea de tiro. De ahí se intenta sacar las monedas, con las mismas reglas que se mencionaron con anterioridad. (Como si jugaras una especie de rayuela).

# UN NAVÍO CARGADO DE...

Objeto: Elaboración de una pelota,
que puede ser hecha de una
hoja de papel arrugada; o
formada de calcetas
y calcetines viejos.

1. En este juego pueden participar el número de niños
   y niñas que se desee.

2. Los participantes se colocan en forma de círculo,
   sentados en el suelo con las piernas cruzadas.
   Aunque también es posible jugar de pie.

3. Antes de comenzar se elige un tema para desarrollarlo en el juego, que puede ser por ejemplo, los programas de TV, nombres propios, de frutas y verduras,
   entre otros.

4. El niño o niña elegida para comenzar el juego toma la "pelota" y dice: "Había un navío, un navío cargado de…" y aquí se menciona la palabra correspondiente al tema escogido.

5. La pelota es enviada a cualquier otro niño o niña participante, quien la recibe en ese momento debe mencionar una palabra del tema con que se juega, acto seguido debe enviar la pelota a otro participante para que el juego continúe. Cada niño o niña que recibe la pelota, debe repetir la frase del navío, contestar la palabra correspondiente al tema y enviar la pelota a un nuevo participante.

6. Pierde el competidor que no se sepa ninguna palabra del tema en juego, cuando se quede callado, quien repita una palabra ya mencionada o quien no cache la pelota.

7. Al agotar el tema elegido, se puede detener el juego, para escoger otra categoría y comenzar de nuevo.

# CAPÍTULO 5

# JUEGOS DIBUJADOS
# EN EL PAVIMENTO

Nuestro último capítulo corresponde a los juegos dibujados en el pavimento, pero no sólo los diseñados en esta superficie, sino en general los que se pueden dibujar en, patios, parques, y banquetas.

Lo ideal para disfrutar de estos juegos, es pintarlos con gises de colores, aunque hace algunos años se podían pintar con pedazos de ladrillo o con trozos de paredes desprendidos hechos de cal.

En muchos lugares como escuelas y parques, algunos de estos juegos y muchos más, han sido pintados con colores de aceite, para que los niños y niñas puedan disfrutarlos.

No se necesita de mucho, un espacio donde se pueda dibujar contando con la autorización de los mayores y una simple cajita de gises de colores.

# ALTO (stop)

1. En este juego pueden participar cualquier número de niños y niñas, aunque lo ideal es que los jugadores no excedan de ocho.

2. Antes de iniciar cada niño y niña participante, elegirá el nombre de un país o de una ciudad para representarlo en el juego.
   Cada jugador deberá de aprenderse ese nombre.

3. Para realizar el juego se requiere de un espacio amplio, suficiente para correr, tal como un patio grande, un parque o una banqueta con piso de concreto, además se necesita de una cajita de gises de colores.

4. Antes de iniciar se elige a un participante, quien será el encargado de dibujar un gran círculo y al centro de éste, uno más pequeño, pero suficiente para colocar dos pies juntos.

5. En el círculo más pequeño se coloca la palabra ALTO, que sea visible para todos. Luego se trazan líneas que van al centro y que dividen al círculo grande. En estas partes cada niño con su puño y letra debe anotar con los gises, el nombre del país o ciudad que representa.

6. Una vez que está terminado el círculo con los nombres, se elige a un niño o niña que será el que iniciará el juego.
   El resto de las niñas y los niños se colocan, cada quien en el círculo en el nombre que le corresponde.

7. El que inicia dirá las palabras de este juego: "Declaro la guerra en contra de…" y aquí incluirá el nombre de cualquiera de los países o ciudades participantes.

8. Al niño o la niña que pertenezca el nombre mencionado, debe correr o brincar al centro del círculo, colocar sus dos pies en él y gritar fuerte la palabra: "ALTO"…
   El resto de las niñas y los niños cuyas ciudades o países no fueron mencionados deben correr, tratando de alejarse lo más rápidamente posible del círculo y al escucharse la voz de "ALTO"… deberán detenerse y no moverse.

9. Ahora es la oportunidad del niño que esta colocado en el centro del círculo. Y deberá de elegir a algún compañero de juego para tratar de llegar a él, por medio de determinado número de pasos.

10. El que está colocado en el centro del círculo, determina con cuantos pasos puede alcanzar a cualquiera de los compañeros de juego, pero deberá espe-

cificar a quién de los participantes quiere llegar. (Deberá escoger sólo a uno).

11. Se dirá el número y tipo de pasos que deberá hacer el participante, por ejemplo:
    - Pasos de pulguita: pasos chiquitos.
    - Pasos de gigante: pasos grandotes.
    - Pasos de rana o canguro: pequeños saltos.
    - Pasos de cangrejo: pasos para atrás (de espaldas).

    El participante del centro del círculo, avanza según dijo en voz alta con anterioridad.
    El objetivo del juego es llegar al lugar que ocupa el compañero.

12. Si el número de pasos coincide con lo que propuso el chico del centro del círculo, al niño alcanzado se le anota "un hijo", es decir, se le anota en su lugar en el círculo, con el gis una rayita que significa que lleva un punto malo.

13. Si el del centro del círculo falla en su cálculo de pasos, "el hijo" y la rayita será para él.

14. El juego se reanuda con otro participante "declarando la guerra" a otro competidor.

15. El juego. continúa hasta que alguno de los participantes alcance tres "hijos", es decir tres puntos malos. Al suceder lo anterior el jugador debe abandonar el círculo, si se quiere, con anticipación se puede establecer, que se haga acreedor a un simbólico castigo.

16. El sobreviviente al final del juego, es considerado el ganador.

# AVIÓN

El juego del avión, es uno de los juegos más populares del mundo y se le conoce de otras formas en diferentes países como por ejemplo en Argentina se le dice "rayuela"; en Chile, "luche" en Colombia, "golosa"; en Puerto Rico, "pelegrina" y en España, "infernáculo", entre otros.

El avión se puede dibujar con gises de colores, en un parque, en una banqueta lo más regular posible, o en un gran patio con piso de concreto.

La figura que asemeja un avión con sus alas y aletas laterales, consiste en un gran rectángulo vertical, cruzado por rectángulos más cortos en forma horizontal. Estos últimos rectángulos se dividen en dos partes iguales.

De la parte superior del avión se enumera el 10, descendiendo al 8 y 9; luego al 7 y así hasta llegar al cuadro inferior al que colocaremos el número 1.

En esta forma, que es la más común, hay que saltar con un pie al número 1, luego con los dos pies a los números que siguen 2 y 3; nuevamente con un pie ahora al número 4; prosigue al número 5 y 6 con dos pies y luego al número 7 con un pie, nuevamente con dos pies al 8 y 9 y finaliza al número 10 con dos pies, te volteas y recorres el avión en sentido inverso, de acuerdo a lo que te indicamos con anterioridad.

# AVIÓN CON TEJA

1. Para participar en este juego, cada niña o niño competidor debe de fabricar su "teja" (un objeto para jugar) hecho con papel mojado y exprimido en un 50%. (El papel higiénico es ideal).

2. Cada jugador tira su teja al cuadro del número 1. Es importante señalar que la teja debe quedar dentro del cuadro correctamente si no el jugador pierde. Luego con los dos pies salta a los cuadros de los números 2 y 3.
   Después va saltando hasta el cuadro del número 10, como te indicamos líneas atrás.

3. Al llegar al cuadro del número 10, recorre ahora el avión en sentido inverso hasta llegar a los cuadros de los números 2 y 3. En esta posición de regreso y sin despegar los pies, intenta recoger su teja del cuadro número 1. Una vez que se hizo esta operación

y con la teja en la mano, salta por encima del cuadro número 1, hasta salir del avión por la parte donde inició.

4. Si el jugador o la jugadora realizan esta operación sin equivocarse; colocan su teja correctamente y no despegan los pies en el recorrido, están autorizados a lanzar su teja desde el inicio del avión, para avanzar al cuadro número 2.

5. El recorrido ahora, es apoyándose con un pie en el cuadro número 1, saltar con el mismo pie al cuadro número 3 sin pisar el 2, y continuar jugando con el mismo sistema hasta llegar al cuadro del número 10. Esta misma operación, en sentido inverso, se hace como al principio pero saltando por encima del cuadro número 2, recogiendo desde el cuadro número 3 la teja, y brincando hasta fuera del avión.

6. Este mismo sistema se repite, enviando la teja al número 3, luego al 4, al 5, etc. hasta llegar al número 10, es decir, al último cuadro.
Saltando, se debe evitar el cuadro en que se encuentra la teja, tanto de ida y de vuelta, así hasta completar el recorrido del avión, en el orden del 1 al 10 y viceversa.

7. El jugador o la jugadora pierde su turno, si su teja no cae exactamente en el cuadro que le toca (si cae en la línea se considera tiro malo);si no se coloca correctamente el pie o los pies en el cuadro que le corresponde, o si pierde el equilibrio durante su recorrido, pisa fuera del avión o se cae. En estos casos, el jugador deja su teja en el cuadro hasta donde avanzó y deja la oportunidad a un nuevo jugador.

8. El juego se complica cuando los demás participantes
   también arrojan sus tejas y el avión se comienza a
   llenar. Esto es motivo para efectuar grandes saltos
   al intentar avanzar en los números.

9. Se considera ganador a el o la participante que recorre y avanza del cuadro número 1 al 10 y de regreso.

# CARACOL

El juego del caracol puede considerarse como variación del juego del avión.

Este juego puede dibujarse con gises de colores en un parque, en la banqueta o en un gran patio que tenga el piso de concreto.

Es ideal para que lo practiquen los niños en edad de educación preescolar y también los que cursan la educación primaria. Se sugiere que incluso sea pintado permanentemente en el patio de la escuela para que los niños y niñas lo puedan jugar las veces que se quiera.

La figura del juego es precisamente la de un caracol, dibujada en forma de espiral, dividido en el mayor número de cuadros posible. Los cuadros deben ser amplios para que quepa a lo largo el zapato de un infante.

En el inicio del caracol se coloca la letra "A" con la que inicia el abecedario. En el cuadro siguiente se anota la letra "B", y así hasta tratar de ubicar en cada cuadro todo el alfabeto. (Se necesitan 26 cuadros, si no, hay que anotar las letras más importantes: vocales y algunas consonantes).

En esta figura del caracol hay que saltar con un pie de cojito tratando de recorrerla totalmente.

1. En este juego pueden participar todos los niños y niñas que quieran.

2. Antes de iniciar el juego se elige un orden para participar.

3. Este juego combina agilidad física y mental, pues el objetivo es ir saltando cuadro por cuadro, de cojito en un solo pie, sin cambiarlo y sin bajar el otro pie. Al mismo tiempo se debe de decir una palabra, que lleve de inicial la letra en la que su pie está parado momentáneamente.

4. Si el participante cumple lo solicitado en el cuadro "A" puede pasar al cuadro "B". Aquí también debe decir otra palabra con esta inicial. Cumplido lo anterior pasa al cuadro de la letra "C" y así sucesivamente hasta tratar de llegar al cuadro que corresponde a la letra "Z".

5. Pierde quien no pueda sostenerse en un solo pie y baje el otro al piso, quien pierda el equilibrio; salte un cuadro y no diga la palabra con esa inicial o se equivoque de letra o no aguante llegar al final de los cuadros del caracol. Si sucede cualquiera de los casos anteriores, es la oportunidad para un nuevo jugador.

6. Se permite mencionar las mismas palabras en los recorridos, pero no cambiar ni bajar el pie.

7. Se considera ganador al participante que recorre el caracol con un solo pie, menciona de uno en uno, una palabra con la inicial de todas las letras del abecedario y llega hasta el cuadro correspondiente a la letra "Z".

# CARRETERITA

Hace algunos años, décadas atrás, los niños mexicanos principalmente, del área urbana de las grandes ciudades, jugaban la famosa "CARRETERITA".

Para participar en este juego, se conseguían en mercados, papelerías o tlapalerías, unos pequeños carritos de plástico rígido, ejes de metal y llantitas de hule, de unos 10 centímetros de largo; estos carritos huecos eran reproducciones a escala de antiguos autos de carreras de los años cincuenta y sesenta: Ferraris, Maserattis, Volvos, etcétera.

A estas miniaturas se les quitaba la tapa inferior con una navaja y se les rellenaba con plastilina y balines o algo que les aumentara su peso, pero que les diera cierta estabilidad. En la parte superior se les colocaba a veces un piloto simulado (comúnmente el personaje favorito de plástico del propietario del vehículo), se lubricaban muy bien sus llantas y en el exterior, se pintaba con colores de aceite a mano, el número favorito y un diseño exclusivo o se ponían calcomanías.

Una vez terminado el modelo, se ponía la tapa inferior y con un cuchillo caliente se sellaba el carrito. ¡Estaba listo para competir!...

Cada niño tenía su coche favorito y como no eran caros, se podían tener y decorar varias miniaturas a la vez, eso sí, sólo con uno se trataba de competir.

En la actualidad estos cochecitos ya no existen, pero pueden sustituirse con los autos miniatura o cualquier vehículo pequeño, pero eso sí, que sean del mismo tamaño y altura, para que no exista ventaja de nadie.

1. Para jugar a la carreterita, se necesita además de niños competidores, cada uno con su respectivo carrito, un espacio abierto y grande para pintar con gises de colores. Generalmente se puede jugar en la banqueta o en un gran patio con piso de concreto.

2. Una vez elegida la banqueta, el rincón del patio o el parque, con el gis se traza una ruta, lo bastante larga como para pasarla bien por horas y de grueso, para que quepa el ancho de un carrito y ligeramente unos centímetros de más.

3. A lo largo del camino se deben de marcar al inicio de la ruta una META inicial (cuadros blancos y negros y el letrero: "META"), a veces se colocaban algunas metas intermedias, pero esto casi nunca sucedía y al final, una gran meta general de la carretera

siendo el objetivo para todos.

Más adelante, unos segmentos señalados con rayas o pequeñas líneas y el letrero "POZO".(Si caes al pozo, se establece con anterioridad, sí se queda el coche hasta que alguien, por medio de un empujón te saque o vuelvas a comenzar desde la meta inicial).

4. Tenemos otros segmentos a los que se les llamaba "CUBA", (estaban de moda los desvíos aéreos) estos tramos tenían pequeñas rutas interiores. Si caes en esta situación, la desviación te obligaba a que al recorrerla, perdiéramos lo menos cinco o seis tiradas y al terminarla, llegaras al mismo lugar o centímetros más adelante.

5. El modo de avanzar con los carritos era impulsando, por mano propia el coche, procurando no acarrearlo mucho, sino sólo con el puro impulso; se tienen tres oportunidades para avanzar y cada competidor debe contar el número del tiro que lleva, para que no se confundan los competidores. El objetivo principal en este juego es avanzar sin salirse de las rayas que señalan el camino, el castigo para el que se sale de los límites del camino, es volver a comenzar desde la meta inicial.

Si alguna de las llantas del carrito pisa cualquier parte del camino, se considera un tiro bueno y se puede continuar adelante.

6. Para iniciar el juego, se necesita pintar una línea recta, y a dos metros aproximadamente, todos los competidores hacen una "picada"; es decir, lanzan sus carritos y los que queden más cerca de la línea sin pasarse; ese orden se deberá respetar en toda la carrera.

En caso de empates, se repetirá esta operación hasta que se establezca el orden correcto de tirada.

7. Las reglas no escritas de la carreterita, indican que no se vale sacar a los contrarios a empujones. (Si sucede esto sólo es suficiente con retornar a la carreterita, en sentido inverso a los carritos que se salieron).

8. El ganador es el que llega primero a la gran meta final, no importando el número de tirada que lleva. (Para eso se estableció un orden inicial de tiro). Por lo general, debido al número de niños competidores y los obstáculos en el camino, este juego puede prolongarse por horas. Pero también se puede diseñar un circuito más pequeño como un óvalo y competir a determinado número de vueltas.

Esta edición se imprimió en Agosto del 2000, en Edit. Imp. Fernández
S.A. de C.V. Retorno 7 de sur 20 No 23, 08500. México D.F.

# GUILLERMO MURRAY PRISANT

# RÁPIDO RUEDAN LAS RUEDAS...

## Nuevos trabalenguas para mejorar tu pronunciación

**SELECTOR**

## SU OPINIÓN CUENTA

Nombre ..........................................................................................

Dirección:

Calle y núm. exterior ...................................... interior ............................

Colonia ............................................. Delegación ...........................

C.P. ......................................... Ciudad/Municipio ...........................

Estado ................................................ País ..................................

Ocupación ................................................ Edad ...........................

Lugar de compra ..........................................................................

Temas de interés:

| | | |
|---|---|---|
| ❏ *Empresa* | ❏ *Psicología* | ❏ *Cuento de autor extranjero* |
| ❏ *Superación profesional* | ❏ *Psicología infantil* | ❏ *Novela de autor extranjero* |
| ❏ *Motivación* | ❏ *Pareja* | ❏ *Juegos* |
| ❏ *Superación personal* | ❏ *Cocina* | ❏ *Acertijos* |
| ❏ *New Age* | ❏ *Literatura infantil* | ❏ *Manualidades* |
| ❏ *Esoterismo* | ❏ *Literatura juvenil* | ❏ *Humorismo* |
| ❏ *Salud* | ❏ *Cuento* | ❏ *Frases célebres* |
| ❏ *Belleza* | ❏ *Novela* | ❏ *Otros* |

¿Cómo se enteró de la existencia del libro?

| | |
|---|---|
| ❏ *Punto de venta* | ❏ *Revista* |
| ❏ *Recomendación* | ❏ *Radio* |
| ❏ *Periódico* | ❏ *Televisión* |

Otros: ..........................................................................................

Sugerencias: _____

_____

_____

**Juegos tradicionales mexicanos**